马克思主义学习型政党建设研究丛书

总主编 欧阳恩良 梅荣政

艰难的探索 珍贵的成果

中国共产党是怎样确立社会主义初级阶段经济制度的

周新城 著

中国社会科学出版社

图书在版编目（CIP）数据

艰难的探索　珍贵的成果：中国共产党是怎样确立社会主义初级阶段经济制度的／周新城著 . —北京：中国社会科学出版社，2016.3

（马克思主义学习型政党建设研究丛书）

ISBN 978 – 7 – 5161 – 6851 – 6

Ⅰ.①艰…　Ⅱ.①周…　Ⅲ.①社会主义初级阶段—经济制度—研究—中国　Ⅳ.①F121

中国版本图书馆 CIP 数据核字（2015）第 208607 号

出 版 人	赵剑英
责任编辑	田　文
特约编辑	陈　琳
责任校对	张爱华
责任印制	王　超

出　　版	中国社会科学出版社
社　　址	北京鼓楼西大街甲 158 号
邮　　编	100720
网　　址	http://www.csspw.cn
发 行 部	010 – 84083685
门 市 部	010 – 84029450
经　　销	新华书店及其他书店

印　　刷	北京金瀑印刷有限责任公司
装　　订	廊坊市广阳区广增装订厂
版　　次	2016 年 3 月第 1 版
印　　次	2016 年 3 月第 1 次印刷

开　　本	710×1000　1/16
印　　张	10
插　　页	2
字　　数	143 千字
定　　价	39.00 元

"马克思主义学习型政党建设研究丛书"
顾问组名单

（按姓氏笔画排序）

马绍孟　王一程　王顺生　沙健孙
周新城　姚　桓　赵　曜　郝立新
梁　柱　梅荣政

总　序

　　重视学习、勤于学习、善于学习是中国共产党的优良传统，也是党始终保持政治优势的重要法宝。在认真总结历史经验、科学把握党建新形势的基础上，中国共产党不断深化对学习重要性的认识，提出了建设马克思主义学习型政党这一重大战略任务。

　　提出建设马克思主义学习型政党，有一个孕育、形成的过程。2002年，党的十六大把"形成全民学习、终身学习的学习型社会，促进人的全面发展"作为全面建设小康社会的重要目标提出后，党中央又从建设学习型社会的领导力量的角度进一步强调，"形成学习型社会，很大程度上要靠建设学习型政党来引导、来推动"。2004年9月，党的十六届四中全会在《中共中央关于加强党的执政能力建设的决定》中第一次明确以党的中央全会决定的方式提出"努力建设学习型政党"的要求。从2002年到2007年十七大召开前夕的五年间，根据建设学习型政党的要求，中央政治局坚持进行了44次集体学习，学习的内容涉及马克思主义及经济、就业、国际问题、历史、军事等社会发展的理论和实践各个层面的问题。2007年10月，党的十七大报告明确提出，"要按照建设学习型政党的要求"，深入学习贯彻中国特色社会主义的理论体系，着力用马克思主义中国化最新成果武装全党。在此基础上，2009年9月党的十七届四中全会明确提出要"把建设马克思主义学习型政党作为重大而紧迫的战略任务抓紧抓好"。2012年11月党的十八大进一步提出了建设"学习型、服务型、创新型"执政党的新要求，将学习型置于"三型"执政党建设之首。2013年11月，党的十八届三中全会再次强调要"建设学习型、服务型、创新型的马克思主义执政党，提高党的领导水平和执政能力，确保改革取得成功"。党中央的这一系列论述，是在深刻认识党的建设历史经验和党建现状基础上做出的战略决策，体现了对时代发展脉搏和新形势下党的建设新要求的高度自觉和清醒把握，期间表达的不仅是我党走向新的学习时代的一种新思想，更表达了一种敢于迎接挑战、适应变革的决心以及正视问题、解决问题的勇气和魄力，也预示着一场全方位的深刻变革的开始。

为贯彻落实党中央关于马克思主义学习型政党建设的战略部署，加强对马克思主义学习型政党建设的理论研究，促进马克思主义学习型政党建设实践，2011 年度教育部哲学社会科学研究重大课题攻关项目将"马克思主义学习型政党建设研究"作为第一号选题公开招标。以贵州师范大学欧阳恩良教授为首席专家，由梅荣政、田心铭、罗文东、陈成文、熊辉、伍小涛等专家学者组成课题组，通过竞争成功中标。中标后，课题组广泛征求了赵曜、沙健孙、周新城、马绍孟、梁柱、王顺生、姚桓、郝立新等全国著名马克思主义理论专家的意见，经过充分讨论，拟定了研究的基本思路和总体框架，明确了任务分工和研究进度。

经过课题组同仁两年多的努力，"马克思主义学习型政党建设研究"课题已取得了比较丰富的阶段性成果，除在《人民日报》、《光明日报》、《马克思主义研究》、《思想理论教育导刊》等重要报刊发表了 50 余篇学术论文外，还完成了数篇调研报告和多部书稿的写作。为了使已经成型的书稿尽快面世，由欧阳恩良、梅荣政教授主编，决定出版"马克思主义学习型政党建设研究丛书"。

该丛书立足于加强和改进新形势下党的建设的主题，牢牢把握加强党的执政能力建设和先进性建设的主线，突出"适应时代发展要求，把建设马克思主义学习型政党的重大战略任务落到实处"（胡锦涛）这个中心和关键，沿着"为什么建设"、"建设什么"、"如何推进建设"的思路，坚持理论和实际相结合、逻辑和历史相统一的研究方法，围绕马克思主义学习型政党建设的理论与实践进行了多方面的探讨。

该丛书的出版，具有重要的意义，主要表现在以下几个方面：

第一，有助于澄清理论是非，消除误解，准确把握中央提出的建设马克思主义学习型政党的精神。从 2004 年 9 月党的十六届四中全会提出

"努力建设学习型政党"以来，学术界对这个问题进行热烈而广泛的讨论，提出了许多有价值的见解，但是党内外也还存在不少待解决的认识问题。有些误读更是造成了一些思想混乱。无论是对党员个人还是党组织，理论上的混乱，必然带来思想上的混乱和实践上的错误。上述对建设马克思主义学习型政党的理解、误导，会产生不良后果。该丛书对提出建设马克思主义学习型政党问题的背景，建设马克思主义学习型政党的理论的、历史的和现实的依据，建设马克思主义学习型政党的科学内涵、基本要求、重大意义，建设的重要着力点和保障条件等问题展开深入研究、科学论证和广泛宣传，必将有助于澄清理论是非，消除误解，促进全党对中央提出的建设马克思主义学习型政党精神的准确把握，把思想统一在正确认识的思想基础之上。

第二，有助于推进马克思主义学习型政党建设的理论研究，促进理论创新。列宁曾经深刻指出："迈出最勇敢的前进步伐的是早就成为理论研究对象的那个领域，是主要从理论上、甚至几乎完全从理论上耕耘过的那个领域。"毛泽东说："感觉到了的东西，我们不一定能理解它，而只有理解了的东西，我们才能更深刻地感觉它。"该丛书将遵循党中央的精神，贯彻和体现科学理论武装、具有世界眼光、善于把握规律、富有创新精神的要求，着力研究坚持推进马克思主义中国化、时代化、大众化的问题，坚持用中国特色社会主义理论体系武装全党的问题，坚持开展社会主义核心价值体系学习教育，建设学习型党组织等重点问题；着力探讨加强对学习的组织、指导和服务问题，各级领导干部在马克思主义学习型政党建设中发挥表率作用问题，建立和完善促进学习、保障学习的长效机制问题，各级各类干部教育培训机构在建设马克思主义学习型政党中的重要作用问题。在研究方法上，坚持理论、历史和现实相结合，中外共产党建设的正反经验相比较，开展调查研究、典型解剖以求加深对新的实际（包括当今世界发展大势、社会主义初级阶段基本国情、改革发展实际）的理解，深化对马克思列宁主义、毛泽东思想和中国特色社会主义理论体系中关于党的建设理论的理解，特别是对过去未曾研究和未曾深入研究过的相关经典著作精神实质的理解，对党执政以来体现和深化对共产党执政规律、社会主义建设规律、人类社会发展规律认识的、党建的历史经验和现实的新鲜经验的理解，深化、拓宽对马克思主义学习型政党建设规律的认识，做到在理论上有新的发现、新的概括、新的论证、新的结论，从而实现理论创新。

第三，有助于推进我国学习型社会的建设进程。在我国，"党是整个社会的表率"，"办好中国的事情，关键在我们党"。因此，本丛书探讨在推进马克思主义学习型政党的建设过程中，如何在全社会进行中国特色社会主义理论体系教育，如何把社会主义核心价值体系的教育贯穿于国民教育的全过程，如何进行"划清四个重大界限"、弄清"六个为什么"、"七个怎么办"以及进行科学文化的教育等，所有这些研究和宣传，定会向全社会辐射。同时会加深对建设学习型社会的多方面的认识，通过总结企业组织、政府组织、学校、军队、群众团体等社会组织在建设学习型社会方面的经验，国际社会一些经济、公共组织创建学习型组织的经验，党的领导集体、学术界关于研究学习型社会、学习型组织的理论成果等，推进我国学习型社会的建设进程，促进整个中华民族的思想道德素质和科学文化素质的提高。

总之，马克思主义学习型政党建设实践是一项长期的系统的战略工程，马克思主义学习型政党建设研究也必定要随着实践的深入而深入，并不断总结实践经验，形成理论，指导实践的深入推进。

是为序。

中国社会科学院学部委员　靳辉明

2014 年 3 月 26 日

我国正处在社会主义初级阶段，这是我们最大的国情。在这个历史阶段，经济制度应该是什么样子的？我们党几代领导集体把马克思主义基本原理同我国社会主义初级阶段的具体实际相结合，经过长期探索，总结了正反两方面的经验，建立了一整套我国社会主义初级阶段的经济制度，并逐步成熟起来。简单说来，我国社会主义初级阶段经济制度是这样的：在所有制结构方面，形成了公有制为主体、多种所有制经济共同发展的格局，这是基本经济制度；在分配方面，形成了按劳分配为主、多种分配方式相结合的分配制度；在经济运行方面，形成了社会主义市场经济体制。这一套经济制度，既符合科学社会主义基本原则，又符合中国当前的国情，具有鲜明的中国特色。这是中国共产党的创举，它促进了我国经济的快速发展，极大地丰富了马克思主义理论宝库。

应该看到，在我国社会主义初级阶段经济制度的建立和发展过程中，受到了各种思潮的干扰，充满了各种各样的斗争。这是可以理解的。我们是在资本主义包围下进行社会主义革命、建设和改革的，尤其是在苏东剧变以后，世界社会主义跌入低潮，在这种背景下，西方的理论、学说必然对我国产生重大影响。在经济领域主要是新自由主义的蔓延和泛滥，严重干扰了我国的改革进程。加上国内私有经济的迅速发展，形成了产生资产阶级思想的土壤。复杂的国内外环境使得意识形态领域马克思主义同反马克思主义的斗争日益尖锐，某些地方、某些领域马克思主义被边缘化了。意识形态领域的这种状况，反过来对我国社会主义初级阶段经济制度的形成和发展产生了影响。

我们写这本书的目的是，一方面按照马克思主义基本原理和中央文件的精神，介绍和阐释我国社会主义初级阶段经济制度的主要内容；另一方面对有关我国经济制度的各种错误观点（尤其是新自由主义的观点）进行批判。

目　录

第一章　我国社会主义初级阶段基本经济制度

党的十五大指出："公有制为主体、多种所有制经济共同发展，是我国社会主义初级阶段的一项基本经济制度。这一制度的确立，是由社会主义性质和初级阶段国情决定的：第一，我国是社会主义国家，必须坚持公有制作为社会主义经济制度的基础；第二，我国处在社会主义初级阶段，需要在公有制为主体的条件下发展多种所有制经济；第三，一切符合'三个有利于'的所有制形式都可以而且应该用来为社会主义服务。"① 这是我们党几代领导集体根据马克思主义生产力与生产关系的相互关系的原理，结合我国社会主义初级阶段的实际情况，经过艰苦的探索，几经波折，才得出的结论。我们应该对这一成果倍加珍惜。

一　为什么要重视基本经济制度

基本经济制度说的是我国社会主义初级阶段的所有制结构。我们为什么要重视基本经济制度呢？这要从所有制在整个社会生活中的地位说起。

人们要生活，就必须进行物质生产。物质生产是每一个人乃至整个社会得以存在的前提。而要进行生产，人与人之间必须结成一定的社会

---

① 《十五大以来重要文献选编》（上），人民出版社 2000 年版，第 17 页。

关系，这就是生产关系。脱离社会关系的、孤立的个人是不可能进行生产，从而也不可能生存的。人的基本特性是社会性，这是人类同其他动物的根本区别所在。资产阶级经济学家往往喜欢从孤立的个人出发来研究社会经济问题，然而这种孤立的个人只存在于像《鲁滨逊漂流记》这样的传奇小说中，在现实社会中是没有的。即使是小说里描写的流落荒岛的孤立个人鲁滨逊，他使用的工具也是其他人制造的，最后实在写不下去了，还要编个"星期五"出来帮忙。总之，即使写小说，也不能完全脱离社会来描写人。

在整个生产关系中，生产资料所有制是决定性的关系，它决定了人与人之间的其他经济关系，决定了生产的目的。在一部分人占有生产资料、另一部分人丧失生产资料的社会里，人类就被划分为阶级，整个物质生产就是为占有生产资料的阶级服务的，丧失生产资料的阶级只能忍受剥削和压迫。如果劳动者共同占有生产资料，整个社会经济关系就会发生根本性的变化，就可以消灭剥削和压迫，物质生产就可以用来满足全体劳动人民的需要。由于经济基础决定上层建筑，整个社会的上层建筑从根本上说都是为占有生产资料的人服务的。可见，生产资料所有制是全部社会关系的基础。一个社会的性质，从经济上说，正是由生产资料所有制形式决定的。这是历史唯物主义的基本原理。

恩格斯总结人类社会发展的历史，指出社会革命虽然是政治行动，但归根到底是为了改变生产资料所有制。他说："迄今的一切革命，都是为了保护一种所有制以反对另一种所有制的革命。它们如果不侵犯另一种所有制，便不能保护这一种所有制。在法国大革命时期，是牺牲封建的所有制以拯救资产阶级的所有制。""的确，一切所谓政治革命，从头一个起到末一个止，都是为了保护一种财产而实行的，都是通过没收（或者也叫作盗窃）另一种财产而进行的。"①

所以，马克思恩格斯在《共产党宣言》里强调，所有制问题是共产

---

① 《马克思恩格斯选集》第 4 卷，人民出版社 1995 年版，第 113 页。

主义运动的"基本问题"。①"共产主义革命就是同传统的所有制实行彻底的决裂。"②他们在考察、研究无产阶级和其他劳动人民获得解放的途径时，始终把所有制问题放到首位。

一切淡化所有制、否定所有制的重要意义的观点，都是错误的。遗憾的是，改革开放以来，这类观点却屡见不鲜，例如，"不问所有，只问所用"；"主义不能当饭吃，公有制又不能打粮食，讲什么坚持公有制是没有意义的"；"只要能把经济搞上去，不要问姓'公'姓'私'"；"社会主义＝市场经济＋社会公平"，用不着讲什么所有制；社会主义只是要求实现共同富裕，"要从公有制的框框下解放出来"；诸如此类的言论，曾经泛滥一时。显然这是违反马克思主义的，但却被当作是思想解放的表现而备受推崇。

根据马克思主义关于所有制的地位和作用的基本原理，我们党始终关注所有制问题。新中国成立前夕，我们党就在探索未来新中国的所有制结构应该是什么样子的。在党的七届二中全会上，毛泽东论述新中国的所有制结构时指出：掌握国家经济命脉的，是社会主义性质的国营经济，它是整个国民经济的领导成分；在现代性经济中占第二位的是私人资本主义工商业，它是一个不可忽视的力量，应该容许它存在和发展，但要受到一定的限制，不能任其泛滥；占国民经济总产值90%的，是分散的个体农业和手工业经济，我们将通过合作社的方式逐步地而又积极地引导它们向着现代化和集体化方向发展，而合作社是半社会主义性质的。③

新中国成立以后，随着国民经济的恢复和发展，党中央及时提出过渡时期总路线，即实现社会主义工业化，实现农业、手工业和私营工商业的社会主义改造（"一化三改"），建立社会主义制度。到1956年，生产资料所有制社会主义改造的任务基本完成。这项工作虽然存在要求

---

① 《马克思恩格斯选集》第1卷，人民出版社1995年版，第307页。

② 同上书，第293页。

③ 《毛泽东选集》第4卷，人民出版社1991年版，第1430—1433页。

过急、工作过粗、形式单一等毛病，但总起来看，正如邓小平所说的，工作"做得很好"，为后来的发展奠定了制度基础和政治前提。

改革开放以来，我们党从我国社会主义初级阶段的具体实际出发，总结了过去单一公有制的教训，提出了建立公有制为主体、多种所有制经济共同发展这样的所有制结构，并把它确定为基本经济制度。

二　我国的基本经济制度是怎么确定的

我们是怎样确定这一基本经济制度的呢？简单说来，就是根据社会主义初级阶段这一具体国情确定的。

十一届三中全会以来，我们党正确地分析国情，作出了我国还处于社会主义初级阶段的科学论断。社会主义初级阶段这个论断包括两层含义。

第一，我国社会已经进入了社会主义社会，这是我们党领导中国人民进行长期革命斗争取得的伟大成果，也是中国人民的历史性选择。我们必须坚持而不能背离社会主义。社会主义的经济基础是公有制，坚持社会主义，就必须坚持公有制。

我们强调生产资料公有制是社会主义的经济基础，并不是出于主观的臆想，也不是像空想社会主义者那样出于某种善良的愿望，而是反映了社会发展规律的客观要求。

马克思主义的历史唯物主义认为，生产关系一定要适合生产力的性质，这是人类社会发展的根本规律。生产力是生产的物质内容，生产关系是生产的社会形式。生产力决定生产关系，生产关系是在生产力的影响下形成和改变的，它必须与生产力的性质相适应。一定的生产力总是要求有与它相适应的生产关系，而一定的生产关系只有依赖一定的生产力的状况才能建立起来。马克思指出："人们在发展生产力时，即在生活时，也发展着一定的相互关系；这些关系的性质必然随着这些生产力的改变和发展而改变。"① 人们在物质生产中采用什么样的生产关系，并不是人们主观的选择，而是由生产力的性质客观地决定。

随着资本主义的发展，资本的积聚和集中使得生产越来越具有社会的性质，许多分散的生产过程融合成为社会的生产过程，整个国民经济越来越成为一个各种生产密切联系、相互依赖的整体。生产力的这种性质客观上要求由社会来占有生产资料和调节国民经济。然而在资本主义条件下，生产资料是归资本家私人占有的，生产经营是由资本家自行决定的，以他的意愿为转移，社会产品也归资本家个人所有。于是，生产方式就与占有方式发生了不可调和的矛盾，生产方式起来反抗占有方式，生产社会性与生产资料私人资本主义占有之间的矛盾构成了资本主义的基本矛盾。这一矛盾在资本主义制度范围内是无法解决的。解决这一矛盾的唯一办法是使占有方式适应生产方式，按照生产力的社会性质的客观要求，用公有制代替私有制。

社会主义公有制是与生产力的社会性质相适应的。在社会化大生产的条件下，建立公有制、用社会主义公有制取代资本主义私有制，是符合社会发展的历史趋势的，是一种不以人的意志为转移的客观规律。正是依据这一规律，马克思恩格斯在《共产党宣言》中宣布："共产党人可以把自己的理论概括为一句话：消灭私有制。"② 他们认为，社会主义革命，第一步就是使无产阶级上升为统治阶级，然后"利用自己的政治统治，一步一步地夺取资产阶级的全部资本，把一切生产工具集中在国家即组织成为统治阶级的无产阶级手里"。③ 所以，他们理解的社会主义社会，虽然同任何其他社会制度一样是经常变化和改革的社会，但是有一点是不会变的，即它是在生产资料公有制基础上组织生产的，也就是说，它的经济基础是生产资料公有制，这一点正是社会主义制度与

---

① 《马克思恩格斯选集》第 4 卷，人民出版社 1995 年版，第 536 页。
② 《马克思恩格斯选集》第 1 卷，人民出版社 1995 年版，第 286 页。
③ 同上书，第 293 页。

资本主义制度的"具有决定意义的差别"。①

　　我们既然已经进入社会主义，那就必须坚持公有制，决不能搞私有化。取消公有制、实行私有化，那就挖掉了社会主义的经济基础，社会主义也就不可能存在了，好比一棵大树，你把树根子刨掉了，那树不就死了吗！然而改革开放以来，有人常常忘记这个简单的道理，以为没有公有制也可以搞社会主义，掀起一股又一股的私有化浪潮。按照这个思路搞下去，社会主义事业是必然会被葬送掉的。

　　第二，我国的社会主义社会还处在初级阶段，我们必须从这个实际出发，而不能超越这个阶段。

　　我们的社会主义脱胎于半殖民地半封建社会，生产力水平远远落后于发达资本主义国家，这就决定了我们必须经历一个很长时间的初级阶段，去实现别的许多国家在资本主义条件下实现的工业化、现代化。我国社会生产力发展很不平衡，社会化的、依靠机械和科学技术进行的生产，同广大农村的、基本上还是用手工工具搞饭吃的自给半自给生产，同时存在；一部分现代化工业，同大量的落后于现代水平几十年甚至上百年的工业，同时存在；一部分经济水平比较发达的地区，同广大不发达地区和贫困地区，同时存在；少量具有世界先进水平的科学技术，同普遍的科学技术水平不高，同时存在。多层次的生产力水平，客观上要求有多种所有制与之相适应。因此，我们在坚持公有制为主体、保证我国社会的社会主义性质的前提下，还需要有个体经济、私营经济、外资企业等各种非公有制经济作为补充。从20世纪50年代后期开始，由于"左"倾错误的影响，我们曾经急于求成，盲目求纯，以为社会主义社会的所有制形式越大越公越好，超越了生产力水平，造成了一定的损失，这是个教训。此外，某些生产部门的特殊性，消费结构的复杂性，特别是我国幅员辽阔、人口众多、劳动就业的压力大等因素，也使得公有制经济、特别是国有经济难以包揽一切。只有发展多种经济成分，才

---

　　① 《马克思恩格斯选集》第4卷，人民出版社1995年版，第693页。

能适应多层次生产力发展的要求，有利于调动一切积极因素，广开就业门路，充分利用各种资源，促进我国国民经济的发展。

从我国上述实际情况出发，邓小平总结了过去的经验教训，认为我们必须坚持社会主义公有制，但不可能搞得那么纯，只要公有制占主体地位就可以了。他指出："我们允许个体经济发展，还允许中外合资经营和外资独营的企业发展"，这些都是"对社会主义经济的补充"。①

1987 年，党的十三大根据邓小平发展多种经济成分的思想，同时总结了改革以来的新鲜经验，进一步提出了发展私营经济问题。十三大报告指出："目前全民所有制以外的其他经济成分，不是发展得太多了，而是还不够。对于城乡合作经济、个体经济和私营经济，都要继续鼓励它们发展。""实践证明，私营经济一定程度的发展，有利于促进生产，活跃市场，扩大就业，更好地满足了人民多方面的生活需求"，因而也是"公有制经济必要和有益的补充。"② 这样，我国的所有制格局，除了作为主体的多种形式的公有制经济以外，还包括个体经济、私营经济、中外合资经济和外资独营经济等，从根本上改变了过去二十多年所有制形式过于单一的局面。

可见，确立公有制为主体、多种所有制经济成分共同发展这一社会主义初级阶段基本经济制度，并不是人们拍脑袋主观想出来的，而是具有客观的规律性，也许在经济落后国家里建设社会主义，这种所有制结构都是不可避免的现象。我们把这种所有制结构写进了《党章》和《宪法》。《党章》的总纲明确指出：在我国社会主义初级阶段，"必须坚持和完善公有制为主体、多种所有制经济共同发展的基本经济制度"。《宪法》第六条规定："国家在社会主义初级阶段，坚持公有制为主体、多种所有制经济共同发展的基本经济制度。"2009 年 9 月召开的十七届四中全会，针对当前思想理论界的状况，还强调要划清"社会主义公有

① 《邓小平文选》第 3 卷，人民出版社 1993 年版，第 110 页。
② 《十三大以来重要文献选编》（上），人民出版社 1991 年版，第 31、32 页。

制为主体、多种所有制经济共同发展的基本经济制度同私有化和单一公有制的界限"。党员要遵守《党章》，公民要遵守《宪法》，大家都要维护和发展这一基本经济制度，这是理所当然的事情。

以公有制为主体、多种所有制经济成分并存这种所有制结构，在社会主义初级阶段，对我国经济的发展起了积极作用。第一，从根本上说，多种经济成分并存，适应了社会主义初级阶段各个部门、各个地区生产力发展不同水平的要求，从而促进了生产力的发展；第二，由于不同性质的所有制形式在社会主义市场经济中的并存，形成了相互竞争的状态，为不同性质的经济成分提高各自的经济运行效率，创造了良好的外部条件；第三，在社会主义市场经济条件下，各种所有制经济在不同的产业、行业、地区的合理配置和有机结合，这有利于资源的优化配置，有利于丰富和开拓市场，能形成一种"合力"，共同促进国民经济的发展。

在整个社会主义初级阶段，我们都应该坚持公有制为主体、多种所有制经济共同发展这种基本经济制度。只要社会主义初级阶段这个基本国情没有发生变化，我们就不能改变这个基本经济制度，既不能搞单一公有制，也不能搞私有化。

必须指出，我们之所以还需要发展非公有制经济（包括私营、外资等资本主义性质的经济），并不是因为私有制符合人的自私本性，因而是永恒的（这种"经济人假设"是反科学的历史唯心主义观点），也不是像某些人所说的那样，私营经济是先进生产力的代表，因而是最好的经济成分（在当前条件下这种看法是不符合实际的），而是因为我国生产力落后，还需要有非公有制经济作为社会主义经济的补充。随着生产力的发展，我们最终是要彻底消灭私有制的。我们是在生产力不够发达的条件下，利用私有制，发展生产力，为最终消灭私有制创造物质条件。这是历史的辩证法。我们的奋斗目标是实现共产主义，那时是没有私有制的（"共产"说的就是生产资料公有）。忘记了这一点，就是忘记了根本，而忘记了根本，就不能说是合格的共产党员。我们不能把社会主义初级阶段凝固化、永恒化，仿佛永远要有多种所有制经济似的，仿佛没有私有制就不行似的。应该看到，多种所有制经济共同发展是一种历史现象，将来随着社会主义进入更高级的阶段，我们是要逐步消灭私有制的，这一点无须隐讳。当然这是未来的事。

三　我国基本经济制度的含义

仔细说来，我国社会主义初级阶段基本经济制度至少应该包含三方面含义。

第一，它明确规定了各种所有制经济（包括公有制经济、个体经济、私营经济、外资经济等）在社会主义初级阶段都应该得到发展，这叫作"共同发展"。这是因为，无论公有制经济还是非公有制经济，在当前生产力水平的条件下，都是有利于经济发展、有利于满足人民多方面需要的。在整个社会主义初级阶段，不能只发展某一种所有制经济，排斥另一种所有制经济。从原则上说，没有"国退民进""国进民退"这一类问题，"国"与"民"都要"进"①。之前舆论界热炒"国进民退"，其实这是一个伪命题，它不仅不符合党的政策，而且也不符合客观实际。近年来私营经济得到了迅速发展，不仅没有"退"，而且发展速度还快于国有经济，根本就不存在"国进民退"的问题。然而"国进民退"的话说多了，而且是由一些头面人物出面说的，众口铄金，仿佛我们真犯了什么大错了，给人们一个印象：国有经济不能发展，只要一发展，就是"国进民退"，就是错的。毫无根据地炒作这个问题，目的就是迫使国有企业退出竞争性领域甚至自然垄断性领域，为私营经济能够占据国民经济主体地位制造舆论。这一点，其实大家是心知肚明的。

---

① 严格说来，我不大赞成"国进民退""国退民进"这种提法，因为"国"与"民"没有明确的界定。"国进民退""国退民进"，实际上说的是公有制经济同私有制经济关系的变化。

第二，更重要的是，它还明确规定了不同所有制在所有制结构中的地位：公有制经济占主体地位，非公有制经济起补充作用。哪种所有制占主体地位，哪种所有制处于补充地位，这个问题不能忽视，更不能颠倒，因为它涉及我国社会制度的根本性质。

邓小平多次强调公有制占主体地位的重要性。他从我国社会主义初级阶段的实际出发，提出我国还需要发展非公有制经济成分，但他始终坚持，我国必须以公有制为主体，这一点丝毫不能动摇。他指出："在改革中坚持社会主义方向，这是一个很重要的问题。社会主义有两个非常重要的方面，一是公有制为主体，二是不搞两极分化。公有制包括全民所有制和集体所有制。"① 这是他一贯的思想，例如他在另一个地方讲："一个公有制为主体，一个共同富裕，这是我们所必须坚持的社会主义的根本原则。"② 他明确指出：我们允许非公有制经济发展，"但是始终以社会主义公有制为主体。"③ 非社会主义经济成分只是对社会主义经济的补充。

邓小平把坚持公有制为主体看作是我国社会能不能保持社会主义性质的根本原则问题，这是有道理的。从原始社会瓦解以来，迄今为止，人类社会一直是几种经济成分并存的，都不是单一所有制的社会。那么，怎么判断社会的性质呢？当社会存在多种所有制经济的时候，社会的性质就取决于占主体地位的所有制的性质，也就是看哪种所有制形式占主体地位。正如毛泽东指出的："在复杂的事物的发展过程中，有许多的矛盾存在，其中必有一种是主要矛盾，由于它的存在和发展规定或影响着其他矛盾的存在和发展。"④ 而事物的性质也是由取得支配地位的主要矛盾的性质决定的。比如，在资本主义社会里，不仅有资产阶级私有制，而且还有大量的小农经济以及少量的地主经济，之所以这个社

---

①《邓小平文选》第3卷，人民出版社1993年版，第138页。

② 同上书，第111页。

③ 同上书，第110页。

④《毛泽东选集》第1卷，人民出版社1991年版，第320页。

会是资本主义性质的，原因就在于资产阶级私有制占主体地位，它规定着、制约着其他经济成分的存在和发展。我国正处在社会主义初级阶段，我们不仅有公有制经济，还有个体经济、私营经济、外资经济等非公有制经济成分。正是由于公有制占主体地位，其他所有制经济的存在和发展都受到公有制的制约和规定，所以，尽管还有非公有制经济，甚至非公有制经济的比重还相当大，这个社会从根本性质上说，就是社会主义社会，当然这个社会主义还处于初级阶段，还"不大合格"。

有人提出，公有制与私有制应该平起平坐，"不要分老大老二"，这等于说要放弃我国社会的社会主义性质。可以说，越是多种经济成分并存，越要强调公有制为主体，这是关乎我国社会性质的大问题。

应该把公有制经济与非公有制经济在社会主义市场经济中的地位同它们在所有制结构中的地位区分开来。在社会主义市场经济的运行过程中，不管是什么所有制的企业，地位应该是平等的，市场规则适用于一切企业，一视同仁。竞争没有例外，不能对某种所有制实行一种规则，对另一种所有制实行另一种规则。但是，谈到在所有制结构中的地位，在不同社会制度下，不同所有制的地位总是不一样的，总是有一种所有制形式占主体地位，其他所有制形式则处于补充地位，不可能"不分老大老二"。在所有制结构中区分"主体"与"补充"是十分重要的，它决定着社会制度的性质。

顺便要说一个问题。有人提出，邓小平晚年对社会主义的看法改变了，不再坚持公有制为主体了。理由是：邓小平在1992年视察南方的谈话中指出："社会主义的本质，是解放生产力，发展生产力，消灭剥削，消除两极分化，最终达到共同富裕。"① 这一论断中没有出现公有制、公有制为主体等字眼。于是他们要求"从公有制的框框中解放出来"，声称中国特色社会主义不需要以公有制为主体，只要实现共同富裕就可以了。他们提出，应该"用价值目标（共同富裕）界定社会主

---

① 《邓小平文选》第3卷，人民出版社1993年版，第373页。

义取代用经济制度（公有制）界定社会主义"。这种说法相当流行，值得分析一下。

毫无疑问，邓小平在视察南方的谈话中对社会主义本质的这个表述，字面上的确没有提到公有制，但是公有制是这一表述的题中应有之义。其一，正如上面讲过的，在生产力的社会化程度达到今天这样的水平的条件下，从总体上讲，只有公有制才适合生产力的性质。按照历史唯物主义的基本道理，适合生产力性质的生产关系才能够解放和发展生产力。正是由于生产力具有社会的性质，资本主义私有制已经成为生产力发展的障碍，我们才需要、也才能够建立社会主义公有制，为生产力的发展开辟广阔的场所。其二，人类社会发展的历史表明，人剥削人和两极分化的现象是随着私有制的产生而出现的，并随着私有制的发展而不断扩大。在生产资料社会主义公有制的条件下，人们在生产资料面前是平等的，没有人能够凭借生产资料来无偿地占有他人的劳动成果，这就有可能实行按劳分配原则，从而消除产生剥削和两极分化的根源。公有制是消灭剥削、消除两极分化的基础。正如邓小平指出的："只要我国经济中公有制占主体地位，就可以避免两极分化。"① 其三，怎样才能实现共同富裕？共同富裕，并不是简单地说普遍改善生活，它是指这样一种分配关系，即所有的人都按照同一标准参与分配（例如都按照劳动的数量和质量参与分配，而不是有的人凭借资本、有的人凭借劳动来参与分配），从而随着生产力的发展可以一起提高生活水平。实现共同富裕与消灭剥削、消除两极分化是同一件事情的两个方面，存在剥削、两极分化现象，就谈不上共同富裕。所以，与消灭剥削、消除两极分化一样，共同富裕只有在公有制基础上才能做到。在私有制基础上发展生产力，尽管在一定条件下劳动人民的生活也会得到某种程度的改善，但同时会导致财富集中在少数剥削者手里，导致两极分化，而不可能实现共同富裕。

从邓小平关于社会主义本质的"五句话"推论出邓小平晚年不再坚

---

① 《邓小平文选》第3卷，人民出版社1993年版，第149页。

持公有制为主体这一论断的人，忘记了就在同一个视察南方的谈话（而且在同一个第二部分）里，邓小平指出，特区姓"社"不姓"资"，理由是"公有制是主体"。邓小平是把公有制是否占主体地位作为判断特区是不是社会主义性质的标准的。这不就直接打了那些认为邓小平晚年不再坚持公有制为主体的人一记耳光吗？我们要全面准确地理解邓小平思想，把特区姓"社"不姓"资"的论断与关于社会主义本质的"五句话"统一起来，而不要把两者对立起来，用后者否定前者。

第三，它还规定了不同所有制经济之间的关系：国有经济起主导作用，鼓励、支持和引导非公有制经济发展。

国有经济起主导作用，是公有制占主体地位的决定性标志之一。国有经济对整个国民经济的运行具有控制力和影响力，国有经济对非公有制经济的发展起鼓励、支持和引导作用，是我国基本经济制度的关键内容。没有国有经济的主导作用，公有制为主体就成为一句空话，我们的基本经济制度也就难以存在。

然而改革开放以来，恰恰在国有经济的地位和作用的问题上学术界存在激烈的争论，要不要发挥国有经济的主导作用成为围绕基本经济制度的斗争的核心。一些"著名经济学家"集中力量攻击国有经济，竭力把它妖魔化（把国有经济妖魔化的观点，我们将在下面进行分析），把它称之为"权贵资本主义"。只要还有一点点国有经济，他们就认为改革不彻底。我国某个经济领导机关根据外国人的建议拟订的改革方案，居然提出要仿照美国的样子，把国有经济降低到10%以下，而只字不提国有经济的主导作用。类似的舆论一度沸沸扬扬，搞得人们不知所措。

通过否定国有经济的主导作用来架空公有制的主体地位，进而改变我国基本经济制度的种种言论，我们必须旗帜鲜明地进行批判。国有经济是共产党执政的经济基础，是调控国民经济运行的重要力量，是全面建成小康社会的重要支柱。可以毫不夸张地说，没有国有经济为主导，整个中国特色社会主义事业是会垮塌的。

不同所有制之间的关系还有另一个方面，即鼓励、支持、引导非公有制经济发展。必须全面理解如何对待非公有制经济的问题。现在有一种倾向，对非公有制经济只讲鼓励、支持，而不讲引导，这是不全面的。问题在于，非公有制经济在我国社会主义初级阶段的条件下的作用具有两重性：一方面，在生产力落后的情况下，非公有制经济对国民经济的发展具有积极作用，因此我们必须鼓励和支持它们发展；另一方面，非公有制经济的基础是私有制，它的主要组成部分——私营经济、外资经济——还存在雇佣和剥削关系，生产的目的是追逐剩余价值，这同社会主义的本质是有矛盾的，因而必须加以引导，以便使它的发展能够符合社会主义社会的需要。这就是我们对待非公有制经济不仅要鼓励、支持，更要注意引导的道理。正确对待和处理非公有制经济作用的两重性，是一项重要而又复杂的任务。如果只讲鼓励、支持而忽视引导，会使得非公有制经济同社会主义的矛盾激化，从而不利于中国特色社会主义事业。这不是危言耸听，现实生活中已经有所表现，不能不警惕。

进一步的问题是，谁来鼓励、支持和引导非公有制经济的发展呢？除了政治上党和人民政府进行有效的工作外，从经济上说，就要靠国有经济来执行这一职能了。没有国有经济的主导作用，是无法实现对非公有制经济的鼓励、支持和引导的。

十八届三中全会再一次强调："坚持和完善公有制为主体、多种所有制经济共同发展的基本经济制度，是巩固和发展中国特色社会主义制度的重要支柱。"全会明确规定："必须毫不动摇巩固和发展公有制经济，坚持公有制主体地位，发挥国有经济主导作用，不断增强国有经济活力、控制力、影响力。"同时"从多个层面提出鼓励、支持、引导非公有制经济的发展，激发非公有制经济活力和创造力的改革措施"。①

---

① 习近平：《关于〈中共中央关于全面深化改革若干重大问题的决定〉的说明》，《人民日报》2013 年 11 月 6 日。

这就全面地规定了我国基本经济制度的内涵以及坚持和完善基本经济制度的主要措施。

四 必须正确认识公有制及其地位，批判各种否定公有制的错误观点

坚持和发展我国的基本经济制度，从思想认识的角度说，需要解决一些基本理论问题。

关键是这样两个问题：一是如何看待公有制经济及其地位；二是如何看待私有制经济（其中主要是私营经济）的性质和作用。我们稍微详细地谈一谈这两个问题。

改革开放以来，围绕着如何认识公有制经济（尤其是国有经济），要不要坚持公有制为主体的问题，学术界一直存在激烈的争论。报刊上、甚至一些中央大报上，一些学者、甚至头面人物，时不时发表歪曲公有制内涵、反对以公有制为主体、主张以私营经济为主体的言论。所谓"国退民进"，许多就是以公有制"退"出主体地位、由私营经济"进"占主体地位为目标的。有一位知名人士在中央大报上公开鼓吹："现在已经形成'国有经济为主导、民营经济①为主体、外资经济为辅助'的所有制结构。正是这样的所有制结构使我们的经济、政治、生活和人们的思想发生了翻天覆地的变化，形成了一个生动活泼、积极向上的奋发氛围，这是我们中国特色社会主义所创造的所有制结构，在今后

---

① 我是不赞成"民营经济"这个概念的，因为它没有明确的界定。集体经济算不算民营经济？外资经济算不算民营经济？自主经营、自负盈亏的国有企业算不算民营经济？谁也没有界定。实际上使用"民营经济"这一概念时，指的就是私营经济。为什么放着"私营经济"这个清晰的概念不用，偏偏要从日本和我国台湾地区搬来"民营经济"这个含糊的概念呢？想来有两种考虑：一是回避一个"私"字，换一个好听一点的名词，这倒无伤大局；二是故意制造国家与人民的对立，仿佛只有私营经济代表了人民，而国有经济与人民是对立的，不能代表人民。这就有点居心叵测了。按照规范性的用语，我们还是使用"私营经济"这个概念。

的发展中，我们仍然要坚持这种结构，并且要不断丰富、发展和完善。"①

这种明目张胆地反对公有制为主体的言论，是违反《党章》《宪法》的。坚持公有制为主体，批评否定公有制为主体、宣传以私营经济为主体的种种言论，是《党章》《宪法》赋予我们的神圣职责。对于这样一个关系到我国社会主义前途命运的原则问题，我们不能置之不理，而应该从理论上加以澄清，分清是非。

不得不承认，改革开放以来，一些理论家在公有制问题上制造了许多混乱。我们不得不从基本理论说起。

公有制的内涵是社会主义生产关系

什么叫公有制？公有制的内涵是什么？这是一个看似简单、但在一些"著名经济学家"那里却成了一笔糊涂账的问题。

首先，要搞清楚什么叫所有制。

在马克思主义经济学中，生产资料所有制是一个十分重要的范畴，因为它是整个社会生产关系的基础。所有制，直接看来，是指生产资料归谁所有，是物的隶属关系，似乎是人与物之间的关系。然而所有制并不是一个法律概念，而是一个经济范畴，是人与人之间的经济关系，它是指所有者通过占有生产资料同其他人尤其是同劳动者发生的经济关系。因此，马克思主义者在谈到生产资料所有制时，总是要通过人与物（即生产资料）的关系来揭示人与人的关系即所有者与劳动者的关系，这种关系的实质是生产资料与劳动力相结合的方式。

遗憾的是，我们的经济学教科书讲到所有制的时候，往往只讲生产资料归谁所有，而忽视占有生产资料的人与劳动者之间的关系，忽视生产资料同劳动力结合的方式。其实，只讲生产资料归谁所有并不能完全说清楚所有制问题，例如，奴隶主所有制、封建地主所有制、资本家所

---

① 《人民日报》2010 年 7 月 28 日第 20 版。

有制，从"生产资料归谁所有"这一点来看是一样的，都是归私人所有，区别在于，他们占有了生产资料以后通过什么方式把这些生产资料同劳动力结合起来：如果私人占有生产资料，同时把丧失生产资料的劳动者看作同其他牲口一样（不过是"会说话的工具"而已），从人身上加以占有，进而把所占有的生产资料同这样的劳动者结合起来，那么这种私有制就是奴隶主所有制；同样是私人占有生产资料，但丧失生产资料、一无所有的劳动者人身却是自由的，他可以、也只能靠出卖劳动力来谋生，在这种情况下，生产资料与劳动力的结合，是通过占有生产资料的资本家雇用工人（在市场上按劳动力价值购买劳动力），并榨取工人创造的剩余价值的方式来实现的，那么这种私有制就是资本主义所有制。可见，讲到所有制问题，不仅要讲生产资料归谁所有，还必须讲生产资料同劳动力相结合的方式。可以说，生产资料归谁所有，是所有制的外壳；而占有生产资料的人同劳动者的关系（即生产资料同劳动力相结合的方式），则是它的内核。这两点一起说，才能说清楚生产资料所有制的性质。

为什么我们要强调所有制问题除了要讲"生产资料归谁所有"，还必须讲生产资料同劳动力相结合的方式，强调所有制是一种经济关系，而不是简单的生产资料这种物的隶属关系呢？这是因为，改革开放以来，有人钻了所有制只讲"生产资料归谁所有"的空子来搞私有化。例如，有人提出，出卖社会主义国有企业，只是改变了国有资产的价值形态，"卖了国有企业，国有资本依然以价值形态掌握在国家手里，公有制依然存在，只是由实物形态转变为价值形态而已"。因此，出卖国有企业，即使全部卖光了，也不能叫私有化。仿佛公有制就是一大把钱，国家拿到这一大把钱（且不说在卖国有企业时国家是不是真的拿到了钱），就有了公有制。这是十分荒唐的。要知道所有制是经济关系，把劳动者之间在共同占有生产资料、共同劳动基础上形成的平等、互助的关系消灭了，变成了资本家雇佣、剥削工人的关系，这哪里还有什么公有制呢？我们在三大改造时期，用赎买的方式把资本主义性质的私营工商业改造成为社会主义公有制企业，生产关系发生了根本的变化。按照这些人的说法，这时资本主义私有制依旧存在，因为通过发放定息的形式把钱给了资本家。这种说法岂不荒谬！

按照我们对所有制的理解，就可以回答什么是公有制的问题。

直观来说，在社会主义条件下，生产资料公有制是指生产资料归全体劳动人民共同所有或部分劳动人民共同所有。但仅仅这么说是不够的。公有制的建立，意味着劳动者成为生产资料的主人，生产资料与劳动力可以直接结合起来，无需通过像资本家这样的中介来实现，公有制使少数人凭借占有生产资料来压迫和剥削劳动者变为不可能，从而为消灭人压迫人、人剥削人的现象奠定了基础。社会主义公有制决定了劳动者之间在生产过程中的平等互助合作关系，决定了在分配过程中消灭了剥削的按劳分配关系。在当今条件下，谈到公有制，其内涵就是社会主义生产关系。决不能离开社会主义生产关系这一内容来抽象地谈论公有制。

搞清楚公有制的内涵，我们就可以懂得为什么毛泽东在三大改造基本完成，即生产资料已经归国家或集体所有以后，那么重视劳动过程中的人与人的关系、那么重视管理问题。他说，生产资料归国家或集体所有以后"最重要的是管理问题，即全民所有的企业如何管理的问题，集体所有的企业如何管理的问题"。[①] 他批评苏联的《政治经济学》教科书对劳动生产中的人与人的关系问题，只有一句空洞的话，即社会主义制度下人与人的关系是"同志式的互助合作的关系"。他说，这句话是对的，但是没有展开，没有分析，没有接触到实质问题。在企业内部，劳动生产中人与人的关系反映到制度上就是企业的管理制度。国有企业怎样按照社会主义全民所有制性质的要求去建立企业的管理制度，把"同志式的互助合作的关系"落实到管理制度中去，这是一个十分重要

---

① 《毛泽东文集》第 8 卷，人民出版社 1999 年版，第 134、135 页。

问题。通过对我国国营企业管理实践经验的总结，毛泽东提出了一整套反映全民所有制性质的管理制度，即有名的"鞍钢宪法"。按照毛泽东的思想，在公有制企业里，领导人员"要以普通劳动者的姿态出现，以平等态度待人"；企业管理要"采取集中领导和群众运动相结合，工人群众、领导干部和技术人员三结合，干部参加劳动，工人参加管理，不断改革不合理的规章制度"；同时要保证工人参加企业的管理，真正体现工人是企业的主人。只有建立起这样的反映生产过程中人们平等互助合作关系的管理制度，才能保证公有制的性质落到实处。

在改革开放过程中，有人为了替私有化提供依据，在什么是公有制问题上制造了许多混乱。他们往往仅仅从资本所有权的角度来解释公有制，完全不顾人与人之间尤其是生产资料所有者同劳动者之间的经济关系。一些"著名经济学家"提出，一个人占有生产资料（独资），那是私有制；几个人一起占有生产资料（合伙），那是集体所有制；一大帮子人共同占有生产资料（例如股份制），那就是公有制了。他们炮制了"公共所有制""公众所有制"这一类"新"概念，说任何国家所有制都是公有制（公共所有制），任何股份制也都是公有制（公众所有制）。有人到美国去转了一圈，提出美国早就是公有制为主体了，因为美国不仅有少量的国家所有制，更重要的是，在美国，股份制企业的产值占了国民生产总值的80％以上。这听起来就感到十分荒唐，然而却是一位身居全国社会科学研究机构领导要职的"权威人士"说的，因而颇有影响。还有一位"著名经济学家"提出"新公有制企业"的概念，认为股份制企业就是新公有制企业。给股份制这样定性，私有化就可以畅行无阻地推行了，因为无论怎么搞私有化，只要采取股份制的形式，都仍然是公有制，都不影响"公有制为主体"。对于诸如此类的混淆视听的有关公有制的"理论"，我们不能不加以澄清。

国家所有制的性质取决于国家的性质，只有无产阶级专政国家的国家所有制才是公有制

能不能把"公共所有制"即国家所有制等同于公有制？不能。不是生产资料只要归国家所有就可以叫作公有制的。国家所有制的性质取决于国家的性质。恩格斯在谈到资本主义国有化时，明确指出，它"没有消除生产力的资本属性"，因为"现代国家也只是资产阶级社会为了维护资本主义生产方式的一般外部条件使之不受工人和个别资本家的侵犯而建立的组织。现代国家，不管它的形式如何，本质上都是资本主义的机器，资本家的国家，理想的总资本家。它越是把更多的生产力据为己有，就越是成为真正的总资本家，越是剥削更多的公民。工人仍然是雇佣劳动者，无产者。资本关系并没有被消灭，反而被推到了顶点"①。资本主义的国家所有制和资产阶级的私人所有制本质上是完全一致的，在资本主义社会里，生产资料归国家所有并没有改变资本的本质，实行国有化还是私有化，都是为资产阶级的利益服务的，国有、私有，反映的都是资本主义生产关系。

只有在社会主义社会里，无产阶级专政的国家代表了全体劳动人民的利益，国家所有制才是全民所有制，才成为公有制的一种形式，因为这种国家所有制是国家按照全体劳动人民的利益来占有生产资料、行使生产资料所有权的。只有无产阶级专政国家的国家所有制，劳动人民才成为生产资料的主人，才能消灭雇佣和剥削关系，从而形成了新型的社会主义的生产关系。

可见，资本主义的国家所有制与社会主义的国家所有制在性质上是根本不同的，前者在本质上仍是资产阶级私有制，后者才是公有制的一种形式。决不能只看到都是归国家所有这一形式上的共同点，忽视国家性质的不同，否定两者在生产关系上的质的差别。恩格斯曾经尖锐地批评过那种"把任何一种国有化，甚至俾斯麦的国有化，都说成社会主义

---

① 《马克思恩格斯选集》第3卷，人民出版社1995年版，第629页。

的"，是"一种冒牌的社会主义，它有时甚至堕落为某些奴才气"。① 这一批评，对那些热衷于鼓吹资本主义国家所有制也是公有制的人，无疑是当头棒喝。

股份制是企业的一种资本组织形式，不能说股份制就是公有制

能不能把公众所有制即股份制等同于集体所有制，从而等同于公有制呢？也不能。不是若干人共同占有生产资料就是集体所有制，而不管他们是什么人，也不管他们同劳动者是什么关系。股份制是企业的一种资本组织形式，它是通过发行股票筹集社会资金组建企业的一种做法；集体所有制是公有制的一种形式，它是部分劳动人民共同占有生产资料，从而在企业内部形成劳动者平等互助合作并消灭了剥削的经济关系。股份制是资本组织形式，所有制是生产关系本质，两者是不同的经济范畴。同一种生产关系可以采取不同的资本组织形式，例如，同样是社会主义生产关系，可以采取独资的形式，也可以采取股份制的形式；同一种资本组织形式也可以容纳不同的生产关系，例如，股份制可以是社会主义的，也可以是资本主义的。股份制本身并不能说明姓"社"姓"资"、姓"公"姓"私"，它的性质取决于它是在什么所有制基础上组织起来的，是以哪一种所有制为主体，由谁控制，为什么目的服务。股份制，资本主义可以用，社会主义也可以用。决不能说股份制就是公有制。

从经济发展的历史来看，股份制最早是在资本主义社会里产生的。在资本主义发展的初期，由于企业规模较小，企业一般都是采用独资或合伙的组织形式。随着社会生产力的发展，企业规模越来越大，单个资本家或几个合伙资本家已很难筹集到开办一个大企业所需要的巨额资本，于是，从 18 世纪起，股份制这种把分散在社会上的小额资本集中为巨额股份资本的企业组织形式应运而生了。资本主义条件下的股份

---

① 《马克思恩格斯文集》第 3 卷，人民出版社 2009 年版，第 558 页。

制，虽然使"私人资本"变成"社会资本"，但并没有改变资本的私有性质。在这种情况下，企业的资本组织形式由独资、合伙变为股份制，改变的只是资本的存在形式，由个别人或几个人占有的资本变成一大伙人占有的资本，而没有改变资本家雇佣和剥削工人的关系，因而根本谈不上成了什么"集体所有制"，谈不上成了公有制。

只有在社会主义条件下，股份制才有可能成为公有制的实现形式。几个国有企业通过股份制形式建立集团公司，这种股份制企业是全民所有制性质的；部分劳动者以劳动合作为基础、采取入股形式组建企业，排除了雇佣和剥削关系，这种股份合作制是集体所有制；混合所有制即国有经济、集体经济通过发行股票吸收社会上个人资本、甚至外国资本的办法组建的股份制企业，如果由国家和集体控股，这种股份制便具有明显的公有性，成为公有制的一种变通的实现形式（顺便说一下，即使是由国家和集体控股的股份制企业，也不能直接说就是公有制企业，而只能说是以公有制为主体的混合所有制企业，即"具有明显的公有性"）。

把股份制简单地等同于集体所有制、进而等同于公有制，其错误，在理论上是把企业的资本组织形式与生产关系本质混为一谈，用资本组织形式的共性抹杀生产关系本质的差别；在实践上则有可能把作为资本主义私有制的一种形式的股份制混同于作为社会主义公有制一种形式的集体所有制，从而为社会主义国有大中型企业通过股份制形式实行私有化（即通过股份制改造把国有企业以股票形式卖给个人）提供一种掩饰，仿佛这种私有化仍是坚持公有制，只是改变了公有制的形式而已。

值得注意的是，戈尔巴乔夫就是以股份制等于集体所有制（公有制的一种形式）作为"理论依据"，把股份制作为中介来推行私有化的。据美国驻苏联最后一任大使马特洛克的回忆，在1989年年初苏美两国总统会晤时，戈尔巴乔夫就提出，"在西方，许多财产归集体所有，股份公司即是明显的例子"。马特洛克嘲笑戈尔巴乔夫"对资本主义经济的认识非常模糊，有时也不准确"，但他敏感地意识到："戈尔巴乔夫正在试图对'社会主义'产权重下定义。虽然他仍在'私有财产'这个术语上纠缠不清，但准备把持股人拥有的公司看作是一种可以接受的'集体所有制'形式。如果他能够使这一定义站住脚，必将为国有大型企业的私有化开辟一条道路。"① 这一段话从反面告诉我们，把股份制定义为公有制会导致什么样的后果。在这个问题上，显然马特洛克要比我国的一些"马克思主义者"明白得多。俄罗斯改革的实践表明，股份制的确可以成为私有化的一个便捷途径，俄罗斯正是通过实行股份制改造，把国有大中型企业纷纷卖给外商和私人，变成地道的私人资本主义企业的。这倒可以揭示那些竭力鼓吹"股份制就是公有制"的人的真实目的。

什么叫公有制为主体

公有制为主体是我国社会主义初级阶段基本经济制度的主要内容。那么，公有制占主体地位指的是什么？也就是说，公有制为主体怎么界定呢？

十五大明确界定了公有制为主体的含义。十五大提出，"公有制为主体主要体现在：公有资产在社会总资产中占优势；国有经济控制国民经济命脉，对经济发展起主导作用"② 。简单地说，公有制为主体，指的是两条：一是量上占优势；二是质上有控制力。

关于量上占优势的问题，需要说明两个问题。第一，"公有资产在社会总资产中占优势"，这个资产指的是什么？大家知道，社会总资产可以分为经营性资产、资源性资产、公益性资产等。这里讲的应该是经营性资产，因为讲到哪种所有制占主体，实质上说的是哪种经济关系在整个社会经济关系中占优势，只有经营性资产才能形成生产资料所有者

① ［美］马特洛克：《苏联解体亲历记》上卷，世界知识出版社1996年版，第315页。
② 《十五大以来重要文献选编》（上），人民出版社2000年版，第18页。

与劳动者之间的经济关系。所以，"主体"指的是经营性资产范围的事。公有制为主体，其内涵是公有制的经济关系在社会全部经济关系中要占主体地位，它应该能够制约着非公有制经济关系的发展及其运转。这体现在资产数量上，就是公有企业的经营性资产要在全社会经营性总资产中占优势。而社会主义国家占有非经营性资产，只是表明这些资产（即物）的隶属关系，并不会形成一定的经济关系。由于国家占有的资源性资产、公益性资产等非经营性资产数额很大（有的还很难计算），如果把它们都纳入公有制经济的范围，势必大大扩大公有制经济的规模，以致会造成不管有没有公有制企业、不管公有制企业资产有多少，公有制资产总是占主体的印象。这会给那些主张消灭国有企业的人提供借口的，因为按照这种理论，即使没有国有企业，公有制仍然是占优势，把国有企业卖光了，也不会影响公有制的主体地位。第二，公有资产不仅包括国有经济、集体经济的经营性资产，还应包括混合所有制经济的资产中属于国有的和集体的那一部分。随着改革的深入、开放的扩大，我国国有经济、集体经济、私营企业、外国资本相互参股形成的混合所有制经济越来越多了。这种形式的经济，只要符合"三个有利于"的要求，是可以而且应该发展的。过去有一种误解，似乎公有制经济一旦同非公有制经济合资，仿佛就失去了公有性，在统计上就把它们从公有制经济中排除出去了。这样，混合所有制企业越多，似乎公有制经济就越少。这显然是不对的。

关于质上有控制力，说的是国有经济的控制力，即国有经济在整个国民经济中应起主导作用，而不是全部公有制经济。明确这一点是十分重要的。按照马克思主义的观点，集体经济从来都不可能起独立作用，它总是从属于起主导作用的经济成分的。集体经济（合作社）的性质，从经济上说，取决于在整个国民经济中起主导作用的经济成分的性质。列宁曾经指出："合作社在资本主义国家条件下是集体的资本主义。"[①]

---

① 《列宁选集》第 4 卷，人民出版社 1995 年版，第 722 页。

因为在资本主义国家里，占统治地位的经济成分是资产阶级私有制，合作社的一切经营活动都受到资产阶级私有制的制约和决定，按照资本主义的规则进行运转。正因为这样，马克思主义者始终认为罗伯特·欧文等空想社会主义者的"合作"社会主义，即把组织合作社作为用社会主义原则和平地改造资本主义社会的计划，是一种彻头彻尾的幻想。只有在工人阶级夺取了政权的社会主义条件下，主要生产资料掌握在无产阶级专政的国家手里，社会主义国有经济在整个国民经济中起主导作用，集体经济（合作社）的活动同社会主义国有经济连接在一起，这时集体经济才具有社会主义性质，才成为公有制经济的重要组成部分。所以，从质上加强公有制的主体的地位，必须增强国有经济的主导作用，加强其控制力。如果国有经济遭到削弱，失去了对国民经济的控制能力，那么集体经济数量再多，公有制也将会丧失主体地位，因为到那时集体经济本身也将转而依附于资本主义经济，从而很难保持社会主义性质，很难成为公有制的组成部分。那种认为只要集体经济得到发展，即使国有经济"退出"，仍可以保持公有制的主体地位的想法，是十分幼稚的，也是十分危险的。

公有制占主体，必须既在量上占优势，又在质上有控制力，两者相辅相成，缺一不可。公有制的资产不在社会总资产中占优势，国有经济就不可能对整个国民经济有控制力；而没有国有经济的控制力，仅仅在资产总量中占优势也不能形成公有制的主体地位。应该看到。这两条是辩证统一的，对此不能有任何片面性理解。当前要防止这样一种倾向，即谈到公有制为主体，只强调国有经济的控制力而忽视公有资产的数量必须占优势，仿佛数量少了也没有关系，只要有控制力就行了。其实，量上占优势是质上有控制力的前提和基础，没有数量就不会有质量。如果公有制资产所占比重过分下降，国有经济就不可能有力量控制整个国民经济的运行。

为什么要坚持公有制为主体

进一步的问题是我们为什么要坚持以公有制为主体，绝不搞私有化呢？简单地说，这是因为在我国目前条件下，只有坚持公有制为主体，才能保证我国社会的社会主义性质，私有化、私营经济为主体则会使社会的性质蜕变为资本主义，危及广大劳动人民的根本利益；只有坚持公有制为主体，才能使生产关系适应生产力的性质，从而解放、发展生产力，在生产力具有社会性质的条件下实行私有化、以私营经济为主体，是违背生产力发展需要的，会成为生产力发展的障碍。

一切否定公有制、主张私有化的言论，其政治目的都是企图诱导我国走资本主义道路，因为抛弃了公有制，社会主义制度也就不复存在了。正如江泽民所说的："社会主义公有制的主体地位决不能动摇，否则我们党的领导地位和我们社会主义的国家政权就很难巩固和加强。"①如果"把国有资产大量量化到个人，并最终集中到了少数人手中，那样，我们的国有资产就有被掏空的危险，我们的社会主义制度就会失去经济基础。那时，中国将会是一个什么样的局面？我们靠什么来坚持社会主义制度，靠什么来巩固人民的政权，靠什么来保证实现全体人民的共同富裕？"②他强调，搞私有化绝没有好下场。我们决不搞私有化的政治理由就在于此。

有一些人主张社会主义应该"从公有制的框框中解放出来"，声称中国特色社会主义不需要以公有制为主体，只要实现共同富裕就可以了。这种说法是错误的。从理论上讲，这是分配决定论，似乎社会制度的性质从经济上讲不是由所有制而是由分配决定的。他们把分配当作社会主义的根本问题，仿佛只要调整分配政策，不必触动生产关系，尤其

---

① 江泽民：《论有中国特色社会主义（专题摘编）》，中央文献出版社 2002 年版，第 51 页。

② 《人民日报》1999 年 7 月 1 日。

是不必触动所有制关系就可以实现社会主义，这是违反马克思主义的观点。马克思主义有一条基本原理：生产决定分配，生产方式决定分配方式。在任何一个社会里，分配方式都不是人们主观的选择，不是随意地确定的，而是由生产方式客观地决定的。人们在生产关系中的地位决定了他们在分配关系中的地位，因此，不能撇开生产关系，尤其是不能撇开作为生产关系基础的所有制形式，孤立地就分配谈分配。历史上拉萨尔主义者曾"把分配看成并解释成一种不依赖于生产方式的东西，从而把社会主义描写为主要是围绕着分配兜圈子"，对此，马克思批评说，他们是"仿效资产阶级经济学家"的"庸俗社会主义者"。现在，有人又在重复拉萨尔的错误言论，甚至进而把在不触动私有制的条件下，按照资产阶级根本利益对分配政策作一点调整（诸如瑞典的社会福利政策），就称之为"社会主义"。

　　我们坚持公有制为主体的另一个理由是，在生产力具有社会性质的条件下，只有公有制才能解放、发展生产力。有人抓住国有企业经营管理中存在的一些问题，把国有企业妖魔化，断言公有制必然是低效率的，从而为私有化制造舆论。在这种舆论的压力下，有人就不敢宣传公有制是解放、发展生产力的主力了。毫无疑问，国有企业在经营机制、管理方法方面还存在许多问题，妨碍了公有制优越性的发挥。我们必须通过改革消除弊端、解决矛盾，但这些问题的存在只能说明改革的必要性，而决不能成为取消公有制、否定公有制为主体的理由。改革开放以来的事实充分证明，从整体来看，国有企业的效率远远高于私营企业，国有经济是我国建设小康社会的经济支柱，也是我们调控国民经济的主要力量。面对某些人炮制的种种攻击、丑化国有企业的言论，我们应该理直气壮地宣传公有制尤其是国有经济的优越性。当前由美国次贷危机引发的世界金融危机，大多数资本主义国家经济陷入衰退，延续多年不见好转，而我国在世界金融危机的冲击下却一枝独秀，经济仍保持快速发展，这充分表明，公有制为主体的社会主义制度是我国经济稳定、快速发展的根本保证。

必须批判否定公有制的种种错误观点

不可否认，改革开放以来，我国一些深受新自由主义毒害的"著名经济学家"制造了种种"理论"，否定公有制的优越性，污蔑、攻击国有经济，一盆盆脏水泼向公有制（尤其是国有经济），进而要求公有制经济退出主体地位，主张由私营经济担当国民经济主体。在一些财经报刊上，这种唱衰国有经济的言论一度成为主流，搞乱了舆论，误导了群众。国有经济左右都不是：搞得不好、出现困难，说是"没有效率"，应该取消；搞好了、经济效益提高了，又说是"与民争利"，也应该消亡。在某些经济学家看来，国有经济私有化是唯一出路。这种舆论氛围，对于坚持公有制为主体、国有经济为主导，是十分不利的。我们有必要对否定社会主义国有经济的种种"理论"作一点分析。

国有经济与市场经济对立论。一些"著名经济学家"断言，公有制与市场经济是不相容的，要实行市场经济，必须先推行私有化。实行市场经济体制成为他们主张私有化的依据。他们的逻辑是这样的：我国改革是要把计划经济体制转变为市场经济体制，而公有制（尤其是国有经济）是同市场经济不相容的，公有制基础上不可能建立市场经济体制，因此，改革必须把公有制经济实行私有化。由于社会主义的经济基础是公有制，所以他们的主张实际上是说，社会主义不能搞市场经济，也就是说不可能建立社会主义市场经济体制，要搞市场经济只能是资本主义市场经济。尽管有的人对此不愿意说明白，但意思是清楚的。他们对为什么公有制与市场经济不相容的问题，往往不进行理论论证，而是当作某种公理强加给他人。在一段时间里，这一观点在某些舆论阵地上几乎成为主流。我们略举一二。例如，有一位"著名经济学家"提出一个公式："市场经济增长一分，国有经济就萎缩一分；市场经济建立之时，就是国有经济消亡之日。"在他看来，国有经济同市场经济是完全对立的关系。在中央召开专门研究国有企业改革的十五届四中全会前夕，《中国改革》杂志接连发表了三篇评论员文章，宣传"国有企业不能构成市场经济的主体"，把国有经济与市场经济的结合称之为"悖论"，提出改革必须走出"悖论"，结论是："按照市场经济的根本要求，（国有企业）改革的出路只能是非国有化。"所谓"非国有化"，就是把国有资产量化到个人，实行私有化。这几篇评论员文章理所当然遭到中央领导人的批评。但是，在新自由主义思潮的影响下，这种"非国有化"、私有化才能建立市场经济体制的舆论，一度甚嚣尘上，甚至影响到实际工作部门。原国资委的一位领导也持有这样的主张，他说："凡是市场经济成熟的地方，国有经济就应该退出。"这种说法，理论上是错误的，政治上是与中央唱反调的。

大家都承认，邓小平是我国改革的总设计师，我国的改革是按照邓小平理论进行的。因此，我们在讨论公有制与市场经济能否相容的问题时，不能不看一下，邓小平对这个问题是怎么论述的。

改革开放以前，传统的观念认为，计划经济是社会主义经济的本质特征，市场经济是资本主义经济的本质特征，也就是说，把计划经济、市场经济看作是社会基本制度的范畴。这种观点严重束缚了人们的思想，使得人们不敢扩大市场调节的范围、充分发挥市场对资源配置的积极作用，仿佛市场的作用多了，就会走资本主义道路，从而使得改革开放迈不出步子。

邓小平对马克思主义政治经济学的一个重要贡献，就是他突破了把计划经济、市场经济当作社会基本制度的范畴这种思想束缚，明确指出，计划经济、市场经济都是发展生产的方法、调节经济的手段。由此出发，他得出结论：市场经济，资本主义可以用，社会主义也可以用；它可以在私有制基础上运转，也可以在公有制基础上运转。他指出，社会主义同市场经济没有根本的矛盾，社会主义也可以实行市场经济，从而解放了人们的思想，推动了我国的改革进程。邓小平这一思想，是他密切观察改革进程，及时总结实践中创造的新鲜经验，深刻分析世界经济发展历史和新情况、新特点，并从理论上进行探索的成果。

正是根据邓小平关于市场经济的理论，党的十四大才确定把建立社会主义市场经济体制作为经济体制改革的目标。而社会主义市场经济，按照江泽民的说法，简要地说，就是要把公有制的优越性与市场经济对资源的优化配置有效地结合起来，二者不能割裂，也不能偏废。

从上面的论述中，我们可以看到，邓小平在理论上已经清楚地说明了公有制与市场经济是可以相容的，而且党的十四大又明确地把公有制与市场经济相结合的社会主义市场经济体制确定为我国经济体制改革的目标，应该说，公有制能不能与市场经济相结合的问题已经解决了。那么，为什么还有人一再宣传公有制与市场经济不相容呢？这里有两种情况：一种情况是，有人想把改革引上资本主义道路，想搞私有化，故意制造公有制与市场经济的对立，这属于政治问题；另一种情况是，有人看到历史上市场经济一直是与私有制结合在一起的，而以前社会主义发展的历史又都是公有制同计划经济相结合的，因而怀疑公有制能不能同市场经济相容，能不能搞社会主义市场经济，这属于认识问题。我们仅对后一方面的问题作一点分析。

公有制能不能与市场经济相容的问题，理论上需要回答的是，市场经济这种运行机制对进入市场的主体的要求是什么，公有制能不能满足这一要求。

市场经济是这样一种经济运行机制：企业生产什么、生产多少、怎样生产，不是由国家规定的，而是由企业从自身的经济利益出发，根据市场上商品供求关系，自主地作出经营决策。各种生产要素（包括生产资料、劳动力、技术等）都通过市场进行配置。在市场经济这种运行机制中发挥作用的是价值规律、竞争规律、供求规律。建立市场经济有一个起码的前提，即进入市场交换的主体是独立的，拥有自主的经营决策权，并具有自己的经济利益，能够根据本身的利益对市场信号自主地作出反应。私有制是符合这一条件的，而且历史发展的事实是，在社会主义制度出现以前市场经济一直是与私有制结合在一起并以私有制为基础的，人们很容易因此就认为，只有私有制才能搞市场经济。

社会主义革命在一些国家取得胜利以后，在相当长时期内，由于受国际国内形势的制约和人们思想认识上的局限，实行的是计划经济体制。在这种体制下，生产资料全民所有制一直采取"国家所有，国家直接经营、统负盈亏"这种实现形式。在生产上，企业生产什么、生产多少，由国家下达指令性计划加以规定，生产上需要的物资，由国家按照计划进行调拨，生产出来的产品，由国家统一包销；在财务上，生产所需要的资金，由国家拨给，企业获得的利润，基本上全部上交国家，而亏损则由国家补贴。这样，企业就成为国家机关的附属物，没有经营自主权，也没有独立的经济利益，一切生产经营活动都与市场无关。按照"新制度经济学"的观点，这种活动叫作"组织内交易"。公有制这种实现形式显然是与市场经济运行机制相排斥的。由于在社会主义国家里计划经济体制实行了几十年时间，人们习惯了这种公有制实现形式，这也容易给人们一种公有制不能搞市场经济的印象。

然而这种看法是不对的。从过去的实践并不能得出公有制本身不能与市场经济相结合这样一个带有普遍性的结论，因为公有制在经济上可以有不同的实现形式。改革开放初期，党的十二届三中全会《关于经济体制改革的决定》分析了我国原有经济体制的弊端，指出它集中表现为企业缺乏应有的活力，确定"增强企业活力，特别是增强全民所有制的大、中型企业的活力，是以城市为重点的整个经济体制改革的中心环节"。"过去国家对企业管得太多太死的一个重要原因，就是把全民所有同国家机构直接经营企业混为一谈。根据马克思主义的理论和社会主义实践，所有权同经营权是可以适当分开的。"①《决定》提出了全民所有制的新的实现形式，即"国家所有，企业自主经营、自负盈亏"，主

---

① 《十二大以来重要文献选编》（中），人民出版社1986年版，第564、565页。

张在坚持生产资料归国家所有的前提下，"企业有权选择灵活多样的经营方式，有权安排自己的产供销活动，有权拥有和支配自留资金，有权依照规定自行任免、聘用和选举本企业的工作人员，有权自行决定用工办法和工资奖励方式，有权在国家允许的范围内确定本企业产品的价格等。总之，要使企业真正成为相对独立的经济实体，成为自主经营、自负盈亏的社会主义商品生产者和经营者，具有自我改造和自我发展的能力，成为具有一定权利和义务的法人。"① 我国国有企业的改革，基本上就是按照上述《决定》规定的方向展开的。而自主经营、自负盈亏的企业，就可以成为市场的主体，按照市场经济的原则进行经营活动。采取"国家所有，企业自主经营、自负盈亏"这种实现形式的公有制经济，是与市场经济相容的，它为建立社会主义市场经济体制创造了必要的前提，即在公有制条件下塑造了市场主体。

可见，与市场经济相排斥的，并不是公有制本身，而是公有制在一定历史条件下形成的特定的具体实现形式。对原有的公有制实现形式进行改革，在坚持公有制的前提下，赋予企业自主经营权，使企业作为独立的商品生产者出现在市场上，是可以搞市场经济的。我们讲的公有制改革，指的就是改变公有制的具体实现形式，以适应市场经济运行的需要，绝对不是说要取消公有制。取消公有制，那就不是社会主义性质的改革了，而是改成资本主义了。那种认为公有制与市场经济水火不相容、只有实行私有化才能建立市场经济的观点，如果仅仅从理论认识的角度看，其错误就在于，把公有制的某一种实现形式绝对化了，否认公有制可以有多种实现形式，实际上是说公有制不能改革，要改革只有否定公有制本身。这显然是不对的。

那些持"公有制与市场经济不相容"的观点的人，从理论上讲，是回到了已被邓小平多次批评过的把市场经济当作基本制度范畴的过时的错误观点上去了，因为他们实际上还是认为市场经济是资本主义特有的

---

① 《十二大以来重要文献选编》（中），人民出版社1986年版，第565、566页。

东西，只有资本主义才能搞市场经济；从政治上讲，是反对党的十四大关于建立社会主义市场经济体制的重大决策，因为他们实际上认为社会主义不可能搞市场经济，因而建立社会主义市场经济只是一种不切实际的空想；从实践上讲，是会诱导改革走上私有化、最终恢复资本主义制度的邪路上去的，因为他们实际上认为公有制是实行市场经济的最大障碍，反对我国的市场导向的改革必须坚持以公有制为主体。不管论者主观意图如何，客观效果就是如此。从这里可以看出，社会主义国有经济能不能同市场经济相结合并不仅仅是学术问题，而是关系到改革的政治方向，关系到坚持公有制为主体、还是实行私有化这样的重大原则问题。

改革开放以来，尤其是十四大提出建立社会主义市场经济体制以来，我国国有企业经历了改革的"阵痛"，在市场经济的环境中发展越来越快，经济效益日益提高。事实已经证明，公有制是可以同市场经济相结合的。

国有企业是垄断企业论。自 2006 年全国人民代表大会开始审议《反垄断法》以来，有人就利用这一机会，把国有经济称之为"垄断行业"，把国有企业称之为"垄断企业"，竭尽攻击、污蔑国有经济之能事。在反垄断的旗号下，要求"国退民进"，还"利"于民。一时间舆论沸沸扬扬，造成了一定的声势。

能不能把国有经济、国有企业简单地称之为"垄断"，进而加以反对呢？这是一个需要明确回答的问题。

应该看到，随着市场竞争的开展，由于大企业适应生产社会化的需要，在一般情况下效益高于小企业，从而生产势必出现集中的趋势。只要是市场经济，就会有"大鱼吃小鱼"的现象，这是价值规律、竞争规律作用的必然结果。而生产集中达到一定程度就会导致垄断，这是客观的、不可避免的。问题并不在于有没有垄断，而在于：第一，谁垄断好，是私人垄断好还是社会主义的国家垄断好？第二，《反垄断法》反对的"垄断"指的是什么，是大企业的控制地位，还是市场上的垄断行为？

我国的国有经济同资本主义国家的垄断企业有着根本的区别。我国的国有经济是革命斗争中在没收官僚资本的基础上建立起来的，它一开始就带有社会主义的性质，并成为整个国民经济的领导成分。后来又随着私营工商业的社会主义改造和社会主义工业化的进展而不断壮大。改革开放以来，根据社会主义初级阶段这一国情，我们提出适当发展非公有制经济成分，但我们始终强调公有制占主体地位。而国有经济控制国民经济命脉、对经济起主导作用，恰恰是体现公有制主体地位的重要内容。公有制为主体、国有经济为主导，是我国社会保持社会主义性质、发展生产力的前提。私人垄断则是在资本家无限度地追逐剩余价值的推动下，市场自由竞争发展到一定阶段产生出来的，它必然导致资本主义基本矛盾——生产社会性与生产资料私人占有之间的矛盾——尖锐化，阻碍生产力的发展。两者不可同日而语！

把国有经济的控制力当作"垄断"加以谴责是错误的。如果国有经济没有控制力，公有制为主体就是一句空话；如果国有经济不做大做强，我们在国际竞争中就会站不住脚（要知道私营经济绝大多数是中小企业，怎么也竞争不过规模庞大的跨国公司）。把国有企业当作"垄断企业"反对掉，我国的社会主义制度就会失去自己的经济基础，就会在激烈的国际竞争中失去立足之地。

必须指出，我们要反对的"垄断"是指大企业在市场上滥用支配地位、排斥其他企业进行竞争的一种行为，而不是凡大企业就要作为"垄断"予以反对。针对在制定、实施《反垄断法》的过程中某些新自由主义分子把《反垄断法》的矛头指向国有企业的种种喧嚣，有关方面曾明确指出，我国的《反垄断法》"从来不以一个企业是否具有市场支配地位作为是否垄断的判断标准，而是以一个企业是否滥用市场支配地位作为垄断的情形之一"。我们要反对的"垄断"，并非指大企业的控制力，而是指利用控制地位谋取不正当的利益，最常见的就是操纵价格，从中获取垄断高额利润。而我国在关键领域的大型国有企业，虽然对市场有控制力，但对大多数产品却并没有定价权，油、电、水、运等都是由国家征求群众意见后定价的。人民政府首先考虑的当然不是企业利润有多高，而是人民的承受能力。因此，正如我国两位经济学家指出的，把国有经济当作"垄断行业"来反对，把国有企业当作"垄断企业"来反对，那是别有用心的"伪命题"！①

顺便说一下，在资本主义国家里，"反垄断"也不是反对大企业在行业中的支配地位，不是要消灭大企业，而是反对大企业在市场上的垄断行为。在一贯高举"反垄断"大旗的美国，从来没有一个人主张把微软、波音、苹果等企业消灭掉！而一到中国，"反垄断"就要消灭控制国民经济的国有企业，真不知道持有这种主张的"著名经济学家"在想什么？！

国有企业"与民争利"论。这是反对国有经济、主张"国退民进"的人经常喜欢谈论的理由。问题在于，这个"民"指的是什么？怎么"争利"？这是需要加以分析的。

在我国历史上，"与民争利"一说源自董仲舒。汉武帝时，豪族冶铁铸钱，危及国家铸币和税收，成为朝廷之大害。汉武帝坚持由国家铸币，反对私人铸币，董仲舒就攻击汉武帝"与民争利"。董仲舒所谓的"民"，并不是一般的老百姓，而是贵族和富商大贾。可见，在"民"字上做文章古已有之。

在我国社会主义初级阶段的条件下，"民"（即人民）是分为不同阶层的。要把劳动人民同资本家区分开来。就劳动人民来说，国有企业与"民"之间的利益是一致的，它用不着、也不会"与民争利"。我们是社会主义国家，我们的政权是人民的政权，是代表全国人民的利益

① 项启源、杨承训：《反国有经济中的"垄断行业""垄断企业"是个伪命题——兼论为国有经济"正名"的必要性》（内部文稿）。

的。国有经济是全民所有制经济，国家占有生产资料是为人民服务的，国有企业的一切经营活动都是直接或间接地为了满足人民群众的物质文化需要。在社会主义市场经济条件下，国有企业作为自主经营、自负盈亏的经济实体，当然需要获得利润，但利润并不是国有企业的生产目的，何况国有企业获得的利润最终仍属于人民所有。不可否认，国有企业在实际经营活动中也会同人民群众发生一些矛盾，但这种矛盾在人民政府的协调下通过改革是比较容易解决的。鼓噪国有企业"与民争利"的人居心叵测，他们歪曲社会主义国有企业的性质，制造国家与人民的对立，煽动人民反对国有企业，以便最终削弱以至消灭社会主义的经济基础。对此，我们必须保持警惕。

其实，对于工人农民而言，真正存在"与民争利"问题的，恰恰是资本主义性质的私营经济。私营经济是以资本家私人占有生产资料为基础、雇佣工人进行劳动并占有工人创造的剩余价值的一种经济成分，它的生产目的是获得最大限度的利润。资本的本质就是追逐尽可能多的剩余价值，而不是满足人民的需要。尽管在我国社会主义条件下，由于经济上公有制占主体、政治上共产党处于领导地位，私营经济的经营环境，同资本主义国家相比较，发生了很大变化，因而经营方式和管理方法也有很大不同，但追逐剩余价值这种资本的本质是不会改变的。在社会主义初级阶段，私营经济除了对我国国民经济的发展具有积极作用，因而资本家与工人之间具有利益一致性的一面外，由于私营经济还存在剥削，资本家同工人之间还存在着利益对立的一面。在新创造价值一定的情况下，资本家获得的利润与工人的工资在量上是一种此消彼长的关系。从这个意义上讲，资本家与"民"（即工人）是一种争"利"的关系，因为只有把工人的工资控制在劳动力价值的范围内、甚至压低到劳动力价值以下，才能保证资本家获得最大限度的剩余价值。在私营经济的现实经济活动中，不能不承认这种矛盾是客观存在的。

如果"民"是指私营企业主（资本家）的话，那么国有经济同私营经济之间确实存在一种"争利"的关系。这一点，也无须隐晦。我们实行的是社会主义市场经济体制，在市场上各种经济成分相互平等竞争，这种竞争，归根结底就是"争利"，最终是优胜劣汰。哪个企业经营得好，个别劳动耗费低于必要劳动耗费，它就获得"利"，得到发展；相反，哪个企业经营得不好，个别劳动耗费高于必要劳动耗费，它就失去"利"，得不到发展，甚至破产，这是市场的无情的规律。无论是国有企业还是私营企业，在市场上相互"争利"，这是正常行为，无可非议，否则就不符合市场经济的规则。一见到国有企业盈利，就说"与民争利"，要求只准资本家赚钱，不准国有企业赚钱，这不符合市场经济的规则，总不能认为是合理的吧！

照搬西方国家的国有经济比重论。主张"国退民进"的人，往往提出西方资本主义国家的国有经济的数量很少，我国国有经济也不需要那么多。他们是把资本主义国家里国有企业的地位和作用套到社会主义国有经济身上来。例如，有一篇文章说："我们的所有制改革应这样进行：缩小国有企业的存在范围，使其仅仅作为矫正市场失灵的工具而存在于公共物品生产领域、自然垄断行业和其他私人企业无力或不愿进入的领域。"有人明确表示："国有经济在社会主义市场经济中主要应该承担弥补市场机制不足的功能"，所以国有企业不能太多。这种说法，都是比照着资本主义国家的国有经济说的。

这是毫无道理的。我国是社会主义国家，我们的国有企业与资本主义国家的国有企业有着根本的区别。首先，两者的性质完全不同。国有经济的性质取决于国家的性质。恩格斯在谈到资本主义国有化时，明确指出，它"没有消除生产力的资本属性"，资本主义的国家所有制和资产阶级的私人所有制本质上是完全一致的。无论是实行国有化还是实行私有化，都是为资产阶级的利益服务的。在资本主义国家里，涉及整个国民经济运行、关系资产阶级整体利益的部门，往往是"国有""私有"交替出现的。一般情况是：当这些部门出现亏损、私人资本家不愿意经营时，就实行国有化；当这些部门能够获得较多利润时，就实行私有化。在社会主义社会里，无产阶级专政的国家代表了全体劳动人民的利益，国家所有制是全民所有制，劳动人民是生产资料的主人。国家是按照全体劳动人民的利益来占有生产资料、行使生产资料所有权的。这种体现了社会主义生产关系的国家所有制，在性质上同资本主义国家的国家所有制有着根本的区别。

从国有经济的地位和作用来看，资本主义国家的国有经济与我国的国有经济也是截然不同的。资本主义制度下也有一些国有企业，它是作为私人企业的补充而存在，是为保证私人企业更好地运转服务的。美国前总统肯尼迪说过："私人企业在我们现在的国家制度下，应当是我们的经济力量的基础，这是我们对抗共产主义的唯一抉择，国家只应生产私人企业所不能生产的东西。"所以，在资本主义国家里，国有企业的任务被定位为弥补市场机制在经济运行中的缺陷，在市场经济失灵的地方发挥作用。社会主义国家则不同。国家所有制是社会主义公有制的主要形式。在社会主义社会里，能够代表社会的有形的组织，只能是无产阶级专政的国家，体现社会掌握生产资料并组织生产的全民所有制，必然而且只能采取国家所有制的形式。没有国有经济，也就没有全民所有制，而失去全民所有制的主导，集体所有制的社会主义性质也会随之发生变化。可以说国有经济的存在及其在国民经济发展中的主导作用是公有制主体地位的核心，它决定着整个社会的社会主义性质。我国的国有经济是共产党执政的经济基础，全面建设小康社会的经济支柱，调控整个国民经济的主要经济力量，这绝不是西方国家的国有经济所能够比拟的。

我国国有经济的比重应该根据保证社会的社会主义性质、保证整个国民经济快速健康发展的需要来确定，而不能照搬西方。改革开放以来，迷信西方的风气盛行，一切以西方国家（尤其是美国）为圭臬，这种"洋迷信"在国有经济比重问题上也反映出来了。这些人完全

"忘记"了我国是社会主义国家，我们正在建设的是中国特色社会主义事业，因而一切要根据科学社会主义根本原则和中国国情办事。当前，把我们的思想从盲目模仿西方的框子里解放出来，已经成为经济学界一项迫切而现实的任务，在如何对待国有经济的问题上，更是如此。

从竞争性领域退出论。有人借中央提出对国有经济进行战略性调整，从整体上搞好国有经济之机，鼓吹国有经济应全面退出竞争性领域，将竞争性领域的国有企业改造成为"民有民营"的企业，这就是他们鼓吹的所谓"改制"的含义，实际上就是要把竞争性领域的国有企业卖给私人（在大多数情况下，还是"半卖半送"、"明卖实送"），实行私有化。令人担心的是，近年来，"全面退出论"成为一种十分流行的观点，甚至一段时间里在某些领导机关的文件中也出现了这种提法。这已经对国有经济的战略性调整工作产生某种程度的误导。

主张国有经济退出竞争性领域的人的理由是：私有制经济天生适于竞争，而国有经济则天生不适于竞争，因为公有制是与市场经济不相容的。所以，国有经济必须从竞争性领域"全面退出"。有一篇文章说："按照国有经济应有的地位和应起的作用来说，它只应该是在特殊性、自然垄断性、非营利性（公益性）等领域存在的一种形式，实际上也就是市场配置资源失灵或不利的领域。"因此，"国有资本从原有体制内的竞争性领域退出"应该是全面而彻底的，既包括小型国有企业，也包括中型和大型国有企业，目的是使"民有民营经济成为市场经济的基础"。

"全面退出论"的根据是国有经济不适于竞争，而国有经济不适于竞争这一论断的理论依据又是公有制与市场经济不相容。对于这种理论依据的错误，我们在前文已经分析过了。这里需要分析的是，"全面退出论"的实践会导致什么样的状况。

什么叫"竞争性领域"？如果放眼国际、国内两个市场，还有多少领域不是竞争性领域？电力、交通、金融、外贸、航天等过去一直是被称为非竞争性的"垄断行业"，随着改革开放的深化，现在也在不同程度上存在竞争了，有的甚至已被公认为是竞争性领域了。迄今为止，非竞争性领域已是屈指可数，如果国有经济从竞争性领域全面退出，它还有多少立足之地呢？国有经济又如何发挥对整个国民经济的主导作用呢？"全面退出论"实际上主张的是，把赚钱的买卖都让给私营经济，而让国有经济专门去干不赚钱的、赔本的买卖，反过来又咒骂国有经济没有效率，这难道符合市场经济平等竞争的逻辑吗？

国有经济全面退出竞争性领域会造成什么样的后果？国有经济是我国社会主义制度的重要经济基础。一旦国有企业从竞争性领域退出，只从事不赚钱的、赔本的买卖，国有经济就不能控制整个国民经济和提供财政收入，它不仅不能引导、带领其他经济成分朝着有利于社会主义的方向发展，相反要靠非公有制经济缴纳的税款来养活，这时国有经济就必然成为非公有制经济的附庸。出现了这样的局面，共产党的领导地位、无产阶级专政的政权就失去了经济基础，我国千百万烈士牺牲性命才建立起来的社会主义制度就不可能存在下去。这种后果是令人不寒而栗的。

其实，对某些经济学家来说，国有企业退出竞争性领域只是第一步，最终目的是要消灭国有经济。有一位经济学家（一所著名大学的副校长）不仅要求国有企业退出竞争性领域，而且要求国有企业退出垄断性行业。他在2007年9月一次会议上就以美国所有行业都是"民营的"为参照系，说："进一步讲，石油行业是不是应该由国有的集团来经营？我们现在进入世贸组织以后，面临着一个非常严重的挑战，就是我们的产业结构里到底还应该保留多少国有企业？"照他的说法，竞争性领域，国有企业应该退出；垄断性行业，国有企业也应该退出。那么，国有企业还有生存余地吗？真是赶尽杀绝！另一所著名大学的教授倒是直言不讳：今天的大国企应该"民营化"，或实行"撒切尔夫人式的私有化"。正如一位学者批评的：这些人"虽然拿着中国重点国立大学的职位和钱，却贯彻了'华盛顿共识'要求全面私有化的美国'中央精神'"①。真是一语中的！

　　值得注意的是，某些头面人物公开杜撰中央文件，宣布国有经济退出竞争性领域是中央的精神。他们在报刊上说："党的十五大即确定了国企尤其是央企要在竞争性行业退出，而目前是进一步进入。"② 还有人说："中共十五大已经明确提出，国有企业在一些关系国计民生的领域里面发展，在竞争性领域内应有序退出。"而且威胁说，"部分行业国进民退将付出沉重代价！"③ 这些在普通老百姓看来是知道内情的头面人物，一再宣布中央早就确定了"国退民进"的政策方向，然而查遍党中央的文件，我们却找不到他们说的内容。

　　20 世纪 90 年代中期，中央提出对国有经济进行战略性调整，从那个时候起，就有人开始制造"国退民进"的舆论了。我们先看一下中央提出国有经济战略性调整的缘由和内涵吧：国有经济布局和国有企业组织结构不合理，是国有企业难以搞好的重要原因。布局不合理主要表现在：国有经济分布过宽，战线过长，各行各业无所不包，力量过于分散，整体素质不高。企业结构不合理主要表现在：重复建设严重，企业大而全、小而全，没有形成专业化生产、社会化协作体系和规模经济，缺乏市场应变能力。在这样的格局下，要把几十万家国有企业都无一例外地搞活搞好，是根本不可能的，也是不必要的。所以，中央要求对国有经济布局进行战略性调整，对国有企业实施战略性改组，这是完全必要的。从力图搞好每一个国有企业，到从整体上搞好国有经济，这是国有企业改革和发展在理论上、实践上和工作指导上的一大转变，也是搞好搞活国有经济的战略性部署。这里丝毫没有"国退民进"、"国有经济退出竞争性领域"的意思。谓予不信，那么，让我们重读一下十五大

　　① 《香港传真》2010 年第 7 期。
　　② 《第一财经日报》2009 年 12 月 14 日。
　　③ 《第一财经日报》2009 年 9 月 23 日。

以及专门研究国有企业改革的十五届四中全会的文件吧。

十五大报告指出："要从战略上调整国有经济布局。对关系国民经济命脉的重要行业和关键领域，国有经济必须占支配地位。在其他领域，可以通过资产重组和结构调整，以加强重点，提高国有资产的整体质量。"① 十五届四中全会更是明确规定："国有经济需要控制的行业和领域主要包括：涉及国家安全的行业，自然垄断行业，提供重要公共产品和服务的行业，以及支柱产业和高新技术产业中的重要骨干企业。其他行业和领域，可以通过资产重组和结构调整，集中力量，加强重点，提高国有经济的整体素质。"② 四中全会还具体规定："要区别不同情况，继续对国有企业实施战略性改组。极少数必须由国家垄断经营的企业，在努力适应市场经济要求的同时，国家给予必要的支持，使其更好地发挥应有的功能；竞争性领域中具有一定实力的企业，要吸引多方面投资加快发展；对产品有市场但负担过重、经营困难的企业通过兼并、联合等形式进行资产重组和结构调整，盘活存量资产；产品没有市场、长期亏损、扭亏无望和资源枯竭的企业，以及浪费资源、技术落后、质量低劣、污染严重的小煤矿、小炼油、小水泥、小玻璃、小火电等，要实行破产、关闭。"③ 这些文件里，哪里有什么国有经济退出竞争性领域的话呢？中央主张对国有经济作战略性调整，而从来没有"国退民进"的说法。即使是一般竞争性领域，中央文件也是主张"有进有退"，缩短战线，集中力量，搞好重点。当时主持国有企业改革的吴邦国同志（时任国务院副总理）还专门撰文指出，将国有企业改革简单演绎为"国退民进"，笼统说"国有企业要从一切竞争性领域退出"等，是完全违背中央精神的，必须坚决加以纠正。④

应该看到，十五大、十五届四中全会关于国有企业改革的总的精神

---

① 《十五大以来重要文献选编》（上），人民出版社 2000 年版，第 18 页。

② 《十五大以来重要文献选编》（中），人民出版社 2001 年版，第 168 页。

③ 同上书，第 170 页。

④ 《经济日报》2001 年 5 月 17 日。

是搞好国有企业。十五届四中全会明确指出："包括国有经济在内的公有制经济，是我国社会主义制度的经济基础，是国家引导、推动、调控经济和社会发展的基本力量，是实现广大人民群众根本利益和共同富裕的重要保证。坚定不移地贯彻十五大精神，推进国有经济的改革和发展，从总体上增强国有企业的活力和国有经济的控制力，对于建立社会主义市场经济体制，促进经济持续快速健康发展，提高人民生活水平，保持安定团结的政治局面，巩固社会主义制度，都具有十分重要的意义。"① 真不知道那些假借贯彻中央文件精神的名义、竭力鼓吹"国退民进"的"名人"，读了这段话是什么感想！这不是同他们的想法完全相反吗？

国有经济产权不明晰论。十四届三中全会对国有企业改革提出了明确的要求，即"进一步转换国有企业的经营机制，建立适应市场经济要求，产权清晰、权责明确、政企分开、管理科学的现代企业制度"。这是一个完整的思路，应该成为国有企业改革的指导思想。

对于"产权清晰"的含义，我国报刊上曾经展开过热烈的讨论。在讨论中，有的经济学家按照私有产权来解释我国国有企业改革中的"产权清晰"的要求，认为全民所有制是"产权虚置"，是"人人所有，人人皆无"，说是大家都有，实际上谁都没有直接占有。他们用私有制产权理论来观察和分析我国公有制的产权，怎么看产权都不清晰。他们认为，只要是公有的，不是私有的，产权就是不明晰的。因此，要明晰产权，就必须把国家的财产落实到每一个人，也就是所谓"量化到个人"。按照这一理论，产权明晰的结果必然是私有化。这恰恰是西方资产阶级的新自由主义产权经济学的核心理论。

必须正确理解十四届三中全会提出的"产权清晰"的含义。

首先要明确，产权即财产的权利，是一个法律概念。按照马克思主义的理解，经济基础决定上层建筑，法律是经济关系的反映。产权是有

---

① 《十五大以来重要文献选编》（中），人民出版社 2001 年版，第 164—165 页。

关所有制的经济关系在法律上的表现。所有制的经济关系决定产权，不同所有制的经济关系就有不同的产权状况、不同的产权理论，因而不存在一个统一的、抽象的，脱离经济关系的产权和产权理论。公有制有公有制产权的界定、公有制产权的理论，私有制有私有制产权的界定、私有制产权的理论。决不能用反映私有制经济关系的产权界定来规范公有制的产权，也不能用西方私有制的产权理论来指导我国的全民所有制的改革。这是理解"产权清晰"的前提。鼓吹公有制产权不明晰的经济学家，恰恰是把私有制的产权界定、私有制的产权理论当作普遍的、"放之四海而皆准"的东西，并把它作为判断公有制产权是否明晰的标准了。

其次要指出，产权（即财产权利）是一个内容复杂的概念，它不是单一的权利，而是多种权利的结合体。从我国国有企业改革的角度来考察，产权这一概念至少包含两组权利：一是财产的所有权（这是根本的、具有决定意义的权利）；二是财产的使用权、支配权即经营权（这是由所有权决定的，但又具有相对独立性的权利）。①

从财产所有权来考察，我国国有企业的产权应该说是清晰的。谁都知道，国有企业的财产归国家所有，无产阶级专政的国家代表全体劳动人民并按照劳动人民的根本利益对国有企业的财产行使所有权。有人说这种所有权是不清晰的，其实他想说的是，凡是全民所有制产权总是不清晰的，因为个人并没有直接占有生产资料，只有私有化，产权才能清晰。这样解释"产权清晰"，实际上就是要求取消全民所有制。从法律角度说，我国有关法规对国有企业的财产所有权也有着明确的规定。例如，《国有企业财产监督管理条例》指出："企业财产属于全民所有，即国家所有。国务院代表国家统一行使对企业财产的所有权。"这怎么能说"不清晰"呢？当然，在具体工作中，这种所有权仍需要落实，不仅要从数量上清产核资、界定产权，例如要把国有资产与企业办的劳动服务公司等的集体资产分清，在实行租赁、承包时要把国有资产与个

---

① 此外还有财产的收益权。不过收益权是由所有权、使用权派生出来的，是从属的。

人资产分清，当时这方面还有大量的工作要做；而且要建立国有企业财产所有权的管理体制，即明确哪一个具体的国家机关代表国家来行使所有权。在这个意义上讲，所有权需要进一步明晰化。但不能由此笼统地得出结论，国有企业的财产所有权是不明晰的，更不能由此把"产权清晰"理解为取消国家对财产的所有权，把生产资料"量化到个人"。

从财产的使用权、支配权即经营权来考察，当时国有企业的产权是不够清晰的，需要明晰化。1984年党的十二届三中全会《关于经济体制改革的决定》就指出：全民所有制企业的所有权同经营权要适当分开的，要使企业真正成为相对独立的经济实体，成为自主经营、自负盈亏的社会主义商品生产者和经营者，具有自我改造和自我发展的能力，成为具有一定权利和义务的法人。我国国有企业的改革正是按照这一思路进行的。这一改革思路，既坚持了全民所有制的性质，又符合建立市场经济体制的要求。然而直到十四届三中全会的时候，我国国有企业还没有做到这一点，国有企业的财产使用权和支配权即经营权没有完全落实，因而这方面的财产权利仍不够明晰。这表明，市场主体还没有完全形成。因此"产权清晰"的重点是明确国有企业应该拥有的财产使用权和支配权，把企业各项经营权利和责任落到实处。

可见，"产权清晰"是适应市场经济的需要搞好国有企业的重要措施，把"产权清晰"理解为私有化，是与中央关于建立现代企业制度的思想南辕北辙的。

应该指出，"产权清晰、权责明确、政企分开、管理科学"的现代企业制度，是适用于所有国家的。我们是社会主义国家，我国国有企业的管理制度还应该反映社会主义的特点和要求。因此，有一位中央领导同志曾经指出，在这"四句话"的前面还要加上三条原则，即坚持共产党的领导，坚持生产资料公有制，坚持全心全意依靠工人阶级。在这三条原则的前提下建立的现代企业制度才是我们所需要的全民所有制的企业制度。对于"产权明晰"也应该作这样理解。离开三条原则抽象地讲"产权明晰"是不妥当的。

"经济人"假设。我们还要说一下相当流行的"经济人"假设问题，因为这是否定公有制、主张国有经济私有化的哲学根据。西方经济学研究经济问题有一个前提，即认为人都是自私的，都是追逐个人私利的理性的利己主义者，换句话说，都是"经济人"，这是人的不可更改的、永恒的本性。研究经济问题必须由此出发，这就是"经济人"假设。"经济人"假设，即"人的本性是自私的"这一论断，在我国经济学教科书、专著中，也相当普遍地被接受了，似乎也成了研究我国经济问题的无可怀疑的前提。有人把这个假设称作是"经济学的结晶"，或者说是经济学的"精髓"，称它"反复经过实践检验，颠扑不破"。有人更提出："中国共产党经过改革开放最大的收获可能在于弄懂了人都是'经济人'。因此一切的政策策略都要以此为出发点。"既然人的本性是自私的，公有制显然是同人的自私本性相矛盾的，因而改革的任务就是取消公有制经济，恢复与人的自私本性相适应的私有制。私有化是由"经济人"假设推论出来的必然结论。所有关于私有化的理由，如果刨根问底的话，最后都是从"经济人"假设中找到根据的。所以，有必要对"经济人"假设做一点分析。

应该指出，从哲学上讲，"经济人"假设是历史唯心主义的命题，因而是反科学的。

与其他动物不同，人的基本特性是社会性。人是在社会中从事生产活动和进行其他活动的，他必然要同其他人发生一定的关系，形成一定的社会关系。人们在一定社会关系中的地位，决定了他的本质。所以，马克思说："人的本质不是单个人所固有的抽象物，在其现实性上，它是一切社会关系的总和。"① 在实际生活中，没有什么抽象的、永恒的、全人类共同的"人的本性"，存在的只是具体的、由现实社会经济关系决定的人性，在阶级社会里，也就是阶级性。资产阶

———————————
① 《马克思恩格斯选集》第 1 卷，人民出版社 1995 年版，第 56 页。

级有资产阶级的人性，工人阶级有工人阶级的人性，不同阶级的人性是不同的。资产阶级学者经常把资产阶级的人性冒充为全人类共同的人性，由此推论出仿佛适用于一切社会、一切阶级的结论，这种做法对资产阶级是有利的。

应该看到，"自私"是一种观念形态、一种思想意识，属于上层建筑的范畴。自私、利己主义不是天生的，不是人一生下来就自然而然具有的本性。不是任何社会的人都是自私的，在同一个社会里也不是人人都是自私的。社会存在决定社会意识，经济基础决定上层建筑，作为一种观念、一种思想的"自私"，是由社会存在、经济基础决定的。在原始社会，极其落后的生产力以及原始公社的生产关系决定了人们毫无自私自利的思想，一切劳动成果，人们都会自觉地在整个部落中平均分配。这一点早已为许多原始部落的调查报告所证实。原始社会瓦解后，私有制的出现，使得剥削阶级有可能利用所掌握的生产资料无偿地占有劳动者的剩余劳动产品，也就是说产生了剥削，在此基础上，才形成了自私自利、利己主义的思想。大家知道，在经济上占统治地位的阶级，它的思想也必然在意识形态领域中占统治地位。几千年私有制的存在和发展，使得在意识形态领域中占统治地位的剥削阶级的自私自利思想，逐步影响到劳动人民。自私自利、利己主义思想的普遍化是私有制长期统治的结果，而不是人的不可改变的"本性"。随着私有制的消灭、公有制的建立和发展，人们必然会逐步摆脱自私自利这种剥削阶级思想的束缚，树立起与公有制相适应的大公无私的观念。可见，"自私"并不是人的亘古不变的本性，它是私有制的产物，将随着私有制的消灭而消失。自私的人，即"理性经济人"，是历史的结果，而不是历史的起点。

一些经济学家主张私有化，所讲的理由是：私有制才有效率。这个理由也是从"经济人"假设推理出来的：既然人的本性是自私的，追求个人利益便是经济发展的唯一动力，因而只有符合人的本性的私有制才有发展的动力，才是有效率的。如果消灭了私有制，人就没有积极性了，没有动力了，当然也就没有效率了。其实，这是一种美化私有制、为私有制辩护的资产阶级理论。所有资产阶级学者都竭力鼓吹个人产权制度是唯一有效率的制度，把这一条作为研究经济问题的不言而喻的信条，似乎无需论证的。马克思恩格斯在《共产党宣言》中就专门批判了这个信条。早在 19 世纪中叶有人就说："私有制一消灭，一切活动就会停止，懒惰之风就会兴起。"据此反对公有制、反对社会主义。马克思恩格斯反驳道："你们的观念本身是资产阶级生产关系和所有制关系的产物，正像你们的法不过是奉为法律的你们这个阶级的意志一样，而这种意志的内容是由你们这个阶级的物质生活条件来决定的。""你们的利己观念使你们把自己的生产关系和所有制关系从历史的、在生产过程中是暂时的关系变成永恒的自然规律和理性规律，这种利己观念是你们和一切灭亡了的统治阶级所共有的。"① 站在资产阶级立场上，用在私有制基础上产生的利己观念来观察问题，当然只能得出个人产权才有效率的结论，而永远不会理解、也不愿理解公有制的发展动力。对于一个普通工人来说，在公有制基础上当家作主、相互之间建立平等互助合作的关系，实行按劳分配，与私有制条件下的被雇佣、被剥削的地位相比，其积极性、主动性显然要高得多。这一点也是囿于资产阶级经济学的人所无法理解的。

五　必须正确认识私营经济的性质和作用

谈到我国社会主义初级阶段基本经济制度，除了要正确认识和对待公有制经济（尤其是国有经济）外，还需要正确认识和对待非公有制经济。非公有制经济包括个体经济、私营经济、外资经济。非公有制经济的主要部分是私营经济、外资经济。我们以私营经济为例进行

---

① 《马克思恩格斯选集》第 1 卷，人民出版社 1995 年版，第 289 页。

分析。

自改革开放以来，尤其是进入 21 世纪以后，我国私营企业得到了迅速发展。根据中华全国工商业联合会编写的《中国民营经济发展报告 NO.3（2005—2006）》提供的数据，全国私营企业雇工人数从 2000 年的 2 011 万人增长到 2005 年的 4 714 万人，年均增长 18.6%。到 2005 年，私营经济在 GDP 中的比重达到 65% 左右。私营经济已经成为我国社会主义市场经济的重要组成部分。

在这种情况下，如何看待私营经济，同巩固和发展社会主义初级阶段基本经济制度息息相关。如果在这个问题上认识错误或者有片面性，就很容易走上私有化道路，从而损害以至破坏我国的基本经济制度。譬如，有人认为，私营经济是社会主义性质的，它对我国经济发展所起的作用远远超过国有经济，那么，坚持公有制为主体就没有必要了，完全可以而且应该实行私有化。

关于在社会主义社会里私营经济的性质和作用，这个问题在马克思恩格斯的著作中是找不到现成答案的，因为他们设想的是在资本主义高度发达的国家里进行社会主义革命和建设的，在这种条件下，社会主义国家应该是没有私有制的。我国正处在社会主义初级阶段，我们党从这一具体国情出发，提出公有制为主体、多种所有制共同发展的基本经济制度，这是对马克思主义关于社会主义社会的所有制理论的重大发展。正因为我们不仅允许而且鼓励和支持非公有制经济（私营经济是其主要部分）的存在和发展，因而从理论上说明私营经济的性质是什么，它起什么样的作用和如何起作用，政策上如何对待私营经济，这一系列问题就客观地摆在我们面前。然而不能不看到，在这些问题上，出于不同的利益，或者出于不同的认识，学术界分歧很大，这种思想分歧又会直接影响到实际工作。

我们就这方面经常遇到的理论问题谈一些看法。

在社会主义条件下，私营经济的经营环境发生了很大变化，但性质仍然是资本主义的

有人提出，在我国这样的社会主义国家里的私营经济，应该同资本主义国家里的私营经济不一样。他们经常说，我国政治上是共产党领导，经济上是公有制为主体，在这种条件下的私营企业，要遵守社会主义国家的法律和规章，要为社会主义服务，怎么能说同资本主义国家里的私营企业是一样的呢？他们由此得出结论，我国的私营经济是社会主义性质的，不能再说是资本主义性质了。有人虽然不直接讲私营经济是社会主义性质的经济，但也尽量回避提私营经济是资本主义性质的经济。

对这种观点需要作一些分析。

毫无疑问，社会主义条件下的私营经济同资本主义条件下的私营经济是存在一定的差异的，问题在于是什么样的差异。要区分两种不同的差异：一种是由企业内部生产关系决定的根本性质的差异；一种是由经营环境和经营条件决定的经营形式、管理方法的差异。这两者不能混为一谈。

按照马克思主义的观点，一个企业的性质取决于它内部的经济关系：其一，是生产资料归谁所有、生产资料与劳动力相结合的方式；其二，是在生产过程中人与人之间的关系；其三，是企业收入（即劳动成果）的分配方式。在私营企业里，生产资料为私营企业主（老板）所有，他在市场上按劳动力的价值购买劳动力这种商品，也就是雇佣工人，然后把他所占有的生产资料同被雇佣的工人结合起来，组织生产，最后凭借生产资料所有权，无偿地占有工人在生产过程中创造出来的超过劳动力价值的那一部分价值，即剩余价值。私营企业是建立在私有制基础上的，私营企业主与工人是雇佣与被雇佣、剥削与被剥削的关系，因此，私营企业是资本主义性质的企业。它与社会主义公有制企业有着根本的区别。

在我国，同资本主义国家相比较，私营企业的外部经营环境发生了很大变化。从经济上说，由于它是在社会主义市场经济中运行的，因而它的经营机制和管理方法，显然会有自己的特点，而与资本主义条件下有所不同。但这种差异终究只是由外部条件决定的企业具体的运行状况。外部条件会对企业产生一定影响，但不会改变企业的根本性质，因为企业的性质是由它内部的经济关系决定的。内因是根据，它决定事物的性质；外因是条件，它只能决定事物本质的具体表现形式。私营企业的性质并不会随着外部条件的变化而发生变化。决不能说，资本家在资本主义国家里办的企业是资本主义性质的，跑到社会主义的中国来办企业，同样是私有制，同样是雇佣、剥削工人，却变成了社会主义性质的了。这是说不通的。

我国改革开放以后，提出多种经济成分共同发展，私营经济不仅允许存在，而且在政策上得到鼓励，但对私营企业性质的看法并没有改变。被邓小平同志评为"一个字都不能动"的十三大报告明确指出："私营经济是存在雇佣劳动关系的经济成分"，"私营企业雇佣一定数量的劳动力，会给企业主带来部分的非劳动收入"。① 十三届四中全会以后中央文件又强调："私营企业主同工人之间实际上存在着剥削与被剥削关系。"② 这就科学地界定了在我国社会主义初级阶段私营企业的资本主义性质。

私营经济是社会主义初级阶段基本经济制度的一部分，并不等于它就是社会主义性质的经济成分

自从十五大提出公有制为主体、多种所有制经济共同发展是社会主义初级阶段的基本经济制度以后，有人就以此为据，说非公有制经济（包括私营企业）已经从社会主义制度之外进入社会主义制度之内，成

---

① 《十三大以来重要文献选编》（上），人民出版社 1991 年版，第 32 页。
② 《十三大以来重要文献选编》（中），人民出版社 1991 年版，第 598 页。

为社会主义经济制度的一部分，成为社会主义制度的经济基础了。因此，不仅公有制经济，而且非公有制经济（包括私营经济）都是社会主义性质的。这是对十五大精神的曲解，因为他们把社会主义的本质特征与社会主义初级阶段的具体特点混为一谈，并把非公有制经济（包括私营经济）是"社会主义初级阶段的基本经济制度"的一部分偷换成"社会主义基本经济制度"的一部分了。

生产资料公有制是社会主义的经济基础，在公有制基础上组织生产，正是社会主义制度与资本主义制度具有决定意义的差别所在。共产党人的目标是要消灭私有制的，这一点，是马克思恩格斯早在《共产党宣言》中就阐述过的马克思主义基本原理。但是消灭私有制不可能一蹴而就，恩格斯在回答"能不能一下子就把私有制废除"这一问题时明确指出："不，不能，正像不能一下子就把现有的生产力扩大到为实行财产公有所必要的程度一样。因此，很可能就要来临的无产阶级革命，只能逐步改造现社会，只有创造了所必需的大量生产资料之后，才能废除私有制。"[1] 社会主义革命不能一下子消灭私有制，在经济落后国家里搞社会主义革命更是如此。我国现在正处在而且将长期处在社会主义初级阶段，在这个历史时期里私有制不仅允许存在，而且还会得到鼓励和支持。但这并不意味着私有制是社会主义经济的一部分，也并不意味着私有制经济是社会主义性质的，而只是意味着私有制的废除应随着条件的成熟逐步实现。

只有公有制才是社会主义性质的经济成分，这也是邓小平同志一贯的思想。1979 年年初，他针对某些人对社会主义的糊涂观念，旗帜鲜明地指出："社会主义的经济是以公有制为基础的"，公有制以及由此产生的最大限度满足人民需要这一生产目的，是社会主义的特有的特点，也是"资本主义社会永远不可能有"的优越性[2]。在改革开放中，邓小平

---

① 《马克思恩格斯选集》第 1 卷，人民出版社 1995 年版，第 239 页。
② 《邓小平文选》第 2 卷，人民出版社 1994 年版，第 167 页。

同志根据我国社会主义初级阶段生产力水平及其发展的需要，提倡适当发展个体经济、私营经济、"三资"企业，主张多种经济成分共同发展。与此同时，他反复指出，公有制为主体是社会主义的根本原则，强调非公有制经济成分都是对社会主义经济的补充。既然是"对社会主义经济的补充"，当然就不是社会主义经济本身，不是社会主义经济的组成部分，因而也不能说非公有制经济的性质是社会主义的。1992 年他在视察南方的讲话中说，"特区姓'社'不姓'资'。从深圳的情况看，公有制是主体……"① 他始终是把公有制作为社会主义性质的标志。

公有制为主体、多种所有制经济并存和共同发展，是社会主义初级阶段的特殊性，而不是社会主义一般的本质特征。决不能因为社会主义初级阶段仍需要有私有制的存在和一定程度的发展，就认为私有制是社会主义性质的，是社会主义的本质特征。如果说私有制是社会主义性质的经济，那么，第一，社会主义经济同资本主义经济还有什么区别呢？可以用一句话来概括的共产党人的理论"消灭私有制"又从何说起呢！第二，公有制、私有制都是社会主义性质的了，那干什么还要强调以公有制为主体，并把这一点作为社会的社会主义性质的根本保证呢？

必须明确指出，只有公有制经济才是社会主义性质的，非公有制经济（包括私营经济）不具有社会主义的性质。公有制为主体、多种所有制经济共同发展是社会主义初级阶段的基本经济制度，而不是社会主义的基本经济制度。这一点不能有任何含糊。

私营经济是社会主义市场经济的重要组成部分，并不等于它就是社会主义经济的一部分

十五大提出："非公有制经济是我国社会主义市场经济的重要组成部分。"② 有人由此作出论断，认为非公有制经济不再是"对社会主义

---

① 《邓小平文选》第 3 卷，人民出版社 1993 年版，第 372 页。
② 《十五大以来重要文献选编》（上），人民出版社 2000 年版，第 22 页。

经济的补充"，而是"社会主义经济的重要组成部分"了。既然公有制经济、非公有制经济都是社会主义经济的组成部分，而且非公有制经济还是其重要组成部分，私营企业具有社会主义性质就是顺理成章的结论了。这显然是错误的，问题在于得出这一结论的前提，即把非公有制经济是"社会主义市场经济的重要组成部分"偷换成"社会主义经济的重要组成部分"了。

社会主义经济与社会主义市场经济并不是同一的概念。社会主义经济是指经济的性质。只有公有制经济才是社会主义性质的经济，一切建立在私有制基础上的经济都不可能成为社会主义经济的一部分，更不可能成为它的重要组成部分。非公有制经济，有的是劳动人民个体经济，它本身虽然并不是资本主义性质的，但也不是社会主义性质的，而是既是私有者、又是劳动者这样的两重性经济。有的是资本主义经济，如私营经济、外资经济，因为它们不仅以私有制为基础，而且雇佣和剥削工人。这种性质并不会因为它们存在于社会主义初级阶段而发生改变。

社会主义市场经济则是指社会主义条件下的一种经济运行机制。邓小平指出："计划和市场都是方法嘛。只要对发展生产力有好处，就可以利用。"[①]"计划和市场都是经济手段。"[②] 既然市场经济是一种发展生产的方法、调节经济的手段，那么，它本身说明不了性质，它的性质取决于谁来利用和为什么目的利用这种方法、手段。"它为社会主义服务，就是社会主义的；为资本主义服务，就是资本主义的。"[③] 换句话说，市场经济的性质取决于它同哪一种社会基本制度相结合，同社会主义基本制度相结合，就是社会主义市场经济。我国的市场经济体制之所以是社会主义性质的，正是因为它是建立在以公有制为主体、国有经济为主导这一基础上的。但是，参与社会主义市场经济运行的行为载体可以是

---

① 《邓小平文选》第 3 卷，人民出版社 1993 年版，第 203 页。
② 同上书，第 373 页。
③ 同上书，第 203 页。

多种多样的，不能因为它们成为这种运行机制的行为载体就认为它们的性质都是社会主义的，正如在资本主义条件下小农经济参与资本主义市场经济的运行，我们不能因此就认为它是资本主义性质的经济一样。包括私营企业在内的非公有制经济，在社会主义市场经济中发挥它应有的作用，并不会使得非公有制经济改变性质，变成社会主义经济。

报刊上常见一种说法，非公有制经济"从补充到重要组成部分"，似乎它们不再是社会主义经济的补充了，而是与公有制经济一样，都是社会主义经济的组成部分了。其实，"补充"是相对于"主体"来说的，它指的是非公有制经济在所有制结构中的地位。既然明确公有制处于主体地位，那么非公有制经济当然就是补充；"重要组成部分"是就参与社会主义市场经济运行的行为载体的比重而言的，既然目前非公有制经济在国民经济中的比重已经相当大了，当然它们是这种运行机制行为载体的重要组成部分。十五大提出"非公有制经济是我国社会主义市场经济的重要组成部分"，从正面提出了坚持多种所有制经济共同发展的必要性，重视非公有制经济的作用，但这一论断既没有否定非公有制经济的非社会主义性质，也没有否定非公有制经济在所有制结构中的补充地位，因为十五大报告多处提到要坚持公有制为主体，要求不断增强公有制的主体地位和国有经济的主导作用。

需要强调的是，理论概念必须有科学地界定的内涵，不能随意偷换。十五大明明说的是"非公有制经济是社会主义市场经济的重要组成部分"，为什么偏偏要把"市场"两个字删去，改成"社会主义经济的重要组成部分"？去掉两个字，意思就全变了。要警惕这种偷梁换柱的手法，而某些人正是用这种手法歪曲中央精神的。

私营经济对社会主义国家的国民经济发展有着积极作用，并不等于它就成为社会主义性质的经济成分了

有人是以私营经济对当前我国国民经济的发展具有积极作用作为根

据，来论证它们是社会主义经济的一部分的。其实，经济性质与经济作用并不是一回事。经济性质是指该种经济成分内部的生产关系，而经济作用是指在一定条件下该种经济成分对生产力发展的外在的客观作用，两者虽有联系，但不能混为一谈。决不能因为在社会主义初级阶段，私营经济仍有利于生产力的发展，就认为它们的性质上变成和公有制经济一样了，都是社会主义经济了。我们可以看一看列宁对新经济政策时期租让制的分析。他说：邀请外国资本家到俄国来，这是否正确呢？这是正确的，因为这可以"迅速改善甚至立即改善工农的生活状况"。"把资本家请到俄国来不危险吗？这不意味着发展资本主义吗？是的，这是意味着发展资本主义，但是这并不危险，因为政权掌握在工农手中。""在这种条件下发展资本主义是不危险的，而产品的增加却会使工农得到好处。"① 租让制的性质是资本主义的，但对工农有好处就可以采用；然而社会主义国家实行租让制没有也不可能改变租让制的资本主义性质。这充分反映了列宁作为无产阶级革命家的原则坚定性和策略灵活性。

在分析我国社会主义初级阶段的私营经济时，必须像列宁对待租让制那样，从实际出发，把经济性质与经济作用区分开来。一方面，必须认识到私营经济的积极作用，大胆地利用私营经济，坚定不移地实行多种所有制经济共同发展；另一方面，必须看到私营经济在性质上与公有制经济有着原则的区别，私营经济是资本主义性质的，因而只有坚持公有制的主体地位才能保持我国社会的社会主义性质。正因为如此，邓小平同志在谈到发展非公有制经济时，强调头脑要清醒。他指出，只要经济上坚持公有制为主体，政治上坚持共产党的领导，这就不可怕。我们既不要因为私营经济是资本主义性质的就否认它的经济作用，从而不敢鼓励和支持它的发展；也不要因为私营经济对发展经济具有积极作用，就否认它的资本主义性质，把它混同于社会主义经济。

---

① 《列宁全集》第 41 卷，人民出版社 1986 年版，第 239 页。

目前私营经济对国民经济的发展具有积极作用，并不表明它是先进生产力的代表

有人提出，既然私营经济对生产力的发展具有积极作用，这就说明私营经济是"先进的生产关系"，是先进生产力的代表，它至少同公有制一样，甚至比公有制还先进，他们还称赞私营企业主"是中国最能干、贡献最大的阶层"。

这里我们引用一份材料。2009年8月13日《南方周末》发表一篇题为《国有经济何妨正名为"非私经济"》的评论员文章。文章说："从命名上，说非公经济这个词儿本身，已包含价值上的优劣判断，揭示了个体户和私企的从属地位。""今天私营经济的私字，已不再像刻在海丝特·白兰太太额头上的红A字了。它不仅不再是一种耻辱，而且代表着先进生产力……何不名正言顺，别再用非公经济来称呼它，直呼其名为私营经济。而对那些并未真正体现公有精神，在竞争领域与民争利的国企何妨称为'非私经济'呢？"

这篇代表资本家说话的评论员文章，赤裸裸地表露了私人资本的狂傲。过去，公有经济占主体地位，所以把私营经济称之为非公经济；现在，私营经济壮大了，自认为可以成为国民经济的主体了，于是要求把主次颠倒过来，要把公有经济称之为"非私经济"了。真是一副不自量力地要推翻公有制主体地位、进而推翻社会主义制度经济基础的暴发户嘴脸！

这种狂傲的背后，有两个理论问题：一是在当前生产力具有社会性质的条件下，什么样的生产关系才是先进的生产关系？二是我国允许并鼓励私营经济存在和发展的根据是什么？是不是因为它是"先进生产力的代表"？这需要从马克思主义最基本的原理说起。

上面已经讲过，公有制（国有经济是公有制的主要部分）是同生产力的社会性质相适应、符合生产力发展的要求，能够解放发展生产力。

需要研究的是，私营经济即资本主义性质的经济是不是"先进生产力代表"？对这个问题，应该进行历史的、具体的分析。在资本主义取代封建主义时期即资本主义上升阶段，资本主义经济的确是先进生产力的代表，但是时代发展到了今天，再说它是代表先进生产力要求的"先进生产关系"就不符合实际了。在当今历史条件下，就世界范围来说，私有制已经成为生产力发展的障碍。就拿当前世界唯一的超级大国美国（这是鼓吹私有化的人们心目中的样板）来说吧，由它引发的世界范围的金融危机、经济危机，其巨大的破坏力，证明了生产资料由私人资本主义占有已经严重束缚了生产力的发展、甚至破坏了生产力，证明了进入垄断阶段的资本主义私有制的寄生性、腐朽性，一切美化私有制的言论都经不起实践的检验。

那么，怎样认识私营经济在我国的积极作用呢？

我们是在经济十分落后的国家里进行社会主义革命和建设的。我们允许并鼓励和支持私营经济的存在和发展，并不是因为它是"先进的生产关系"，代表了先进生产力，而恰恰是因为我国生产力落后。随着生产力的发展、生产社会化程度的提高，私有制经济应逐渐退出历史舞台。我们是要消灭私有制的，并不是像某些新自由主义者那样，把私有制看作是"社会进步、经济发展必不可少的"，也不主张"私有制万岁"。

还应该指出，在我国社会主义初级阶段，私营经济的积极作用，只有在公有制占主体地位的条件下才能显现出来。如果没有占主体地位的公有制经济，没有占主导地位的社会主义国有经济，如果让资本主义私有制占据主体地位，那就必然导致生产社会性和私人占有生产资料之间的矛盾日益尖锐化，社会就会出现生产无政府状态，并且两极分化会越来越严重，资产阶级与无产阶级的对立和斗争会越来越加剧，就会出现俄罗斯曾经出现过的政局动荡、经济凋敝、社会不稳的状态。

我们是要消灭私有制的，这一目的无需回避。我们是利用私有制，发展经济，为最终消灭私有制创造条件。忘记了这一点，就不是合格的共产党员。

在社会主义初级阶段，私营经济的作用具有两重性：既有有利于经济发展的积极作用的一面，又有同社会主义的本质要求相矛盾的一面

应该看到，在社会主义初级阶段，资本主义性质的私营经济的作用具有两重性，它既对国民经济的发展有一定的积极作用，因而是建设中国特色社会主义的一支重要的力量；又具有无偿占有工人创造的剩余价值的剥削的性质，因而与社会主义的消灭剥削的本质要求是不一致的。必须全面地看待这种两重性。然而在实际生活中，人们往往只讲它有利于国民经济发展的一面，而忽视另一面，有意无意地否认私营经济存在剥削，否认资本家同雇佣工人之间的剥削关系，这种认识是片面的。按照这种片面的认识，在实际工作中就不可能正确地对待私营经济。既不能正确地处理私营经济存在的劳资之间的内部矛盾，也不能正确地处理私营经济同公有制经济之间的外部矛盾。

在私营企业内部，资本家与工人之间既有利益共同的一面，建设中国特色社会主义是他们共同的目标，企业的发展对双方都有好处；也有利益矛盾的一面，两者经济地位不一样，在生产和分配中不可避免地出现矛盾，甚至发生冲突。相应地，私营企业中的党组织、工会的职能也应该是两方面的，一方面要努力帮助企业主搞好企业的经营管理，增强企业在市场上的竞争力，谋求企业的发展；另一方面要监督企业主贯彻党的方针政策和执行国家的法律法规，坚决保护和捍卫工人的合法权益。

正因为私营经济的作用具有两重性，我们对待私营经济的政策也有两个方面：一方面要鼓励、支持私营经济的发展，充分发挥它对发展生产、满足人民需要的作用，我们应该为私营经济的发展创造必要的前提，放宽市场准入条件、提供金融支持并保证平等的市场竞争；另一方

面要注意引导私营经济朝着有利于社会主义的方向发展，引导私营企业
把自身的发展同国家的发展结合起来，把个人富裕同全体人民的共同富
裕结合起来，把遵循市场规律同发扬社会主义道德结合起来。应该把鼓
励、支持同引导两方面统一起来，不能只注意一方面，忽视另一方面。

在公有制经济与私营经济的关系上，也是具有两重性，即既有统一
的一面，又有矛盾的一面。在目前生产力水平的条件下，两种经济成分
都可以在建设中国特色社会主义事业中发挥各自的作用，都可以在发展
经济、满足人们多样化需要方面作出各自的贡献，因而一切符合"三个
有利于"的所有制形式，都可以而且应该用来为社会主义服务。但是，
公有制经济与非公有制经济是两种不同性质的经济成分，它们的所有制
基础、生产目的、与劳动者的关系从根本上说是不同的，因而他们在发
展过程中也必然会产生各种矛盾、摩擦甚至冲突。

六　围绕着基本经济制度斗争的焦点是哪种
　　所有制应该成为主体

不得不承认，围绕着巩固和发展基本经济制度的问题，无论在理论
上还是在实际工作中，都是充满着斗争的。这种斗争过去有，现在有，
将来也会有。这是很好理解的，在我们这样的社会主义初级阶段里，不
同所有制是不同阶级的根本利益所在，是他们的命根子。虽然建设中国
特色社会主义是各个阶级（敌对势力除外）的共同利益，但是每个阶
级的具体利益还是有差别的，每一个阶级总是竭力想维护和加强自己利
益的经济基础，发展和扩大自己赖以生存的生产资料所有制。在这种情
况下，斗争是不可避免的。

改革开放以来，随着非公有制经济尤其是私营经济的发展，哪种所
有制经济应该成为整个国民经济的主体，是公有制为主体、还是私营经
济为主体，这个问题成为围绕基本经济制度的斗争的焦点。我们一再申

明，公有制为主体、国有经济为主导，是中国特色社会主义的支柱，在整个社会主义初级阶段都必须坚持，不能动摇；但代表私营经济利益的经济学家却要求取消公有制的主体地位，让私营经济成为国民经济的主体，国有经济只是作为保证私营经济发展的工具才需要存在和发展。一股又一股的私有化浪潮就是这样闹起来的。制造这种舆论的人多得不胜枚举，由于有一些"著名经济学家"充当吹鼓手，这种舆论甚至一度成为主流。有一位前全国政协副主席，在《人民日报》上撰文，公开主张要以私营经济为主体，说只有这样，国民经济才有活力。他以国家领导人的身份，在全国性党报上，宣传违反《宪法》的言论，真是难以想象。

应该指出，让私营经济作为我国国民经济主体的主张，是得到西方国家政治家和思想家的支持的。20 世纪末美国前总统尼克松就说过："在经济方面，中国朝自由市场制度前进的过程已经走了一半。现在，它的两种经济——一种私有，一种公有——正在进行殊死的竞争"，而且"战斗还远远没有结束"。只要美国"继续介入中国的经济，就能在帮助私营经济逐步消蚀国营经济方面扮演重要的角色"。① 2000 年，前总统克林顿也讲，美国要利用中国加入世贸组织的机会，在中国推行美国的"价值观念"，"加速大型国有企业的衰亡"，由"私营企业取而代之"，给中国内部"为人权和法治而奋斗的人们增添力量"，以使中国作出美国所需要的那种"选择"。② 美国政要为什么那么关心我国哪种经济成分应该占主体地位呢？因为他们从阶级本能上感到只有私营经济成为主体，才能从根本上改变中国社会主义制度的性质，从而实现和平演变的目的。不能不承认他们的政治敏锐性是很强的。

在社会主义初级阶段，公有制经济与非公有制经济之间有着复杂的关系。上面讲过，在社会主义初级阶段，资本主义性质的经济成分的作

---

① ［美］尼克松：《透视新世界》，中国言实出版社 2000 年版，第 162、163、171 页。
② 美国驻华大使馆新闻处 2000 年 9 月《背景材料》。

用具有两重性，这种两重性反映到它同公有制经济的关系上也有两个方面，即两者之间既有统一的一面，又有矛盾的一面。在目前生产力水平的条件下，两种经济成分都可以在建设中国特色社会主义事业中发挥各自的作用，都可以在发展经济、满足人们多样化需要方面作出各自的贡献，因而一切符合"三个有利于"的所有制形式，都可以而且应该用来为社会主义服务。但是，公有制经济与非公有制经济是两种不同性质的经济成分，它们的所有制基础、生产目的、与劳动者的关系从根本上说是不同的，因而他们在发展过程中也必然会产生各种矛盾、摩擦甚至冲突。哪种经济成分应该占主体地位的问题，实际上就是这种矛盾的集中表现。谁应当成为国民经济的主体这种斗争恐怕在整个社会主义初级阶段都会存在，也许只有随着我国社会主义从初级阶段过渡到高级阶段，随着多种经济成分并存现象的消失，这种斗争才会消亡。

应该看到，近年来由于资本主义性质的经济成分的发展，资本家经济实力的增强，这种斗争越来越白热化了。

这种矛盾和斗争已经不仅仅停留在理论上，而且表现在经济改革的各项实际政策上了。

现在，经济工作经常可以看到"两张皮"的现象：一方面，在《党章》《宪法》、中央文件上明明写着必须巩固和发展公有制为主体、多种经济成分共同发展这一社会主义初级阶段的基本经济制度，主流宣传舆论也强调要划清基本经济制度与私有化的界限；另一方面，在制定改革的具体措施时却往往把巩固公有制的主体地位、增强国有经济的主导作用置诸脑后，一味强调发展非公有制经济，甚至采取私有化的措施，化公为私。有的领导机关接连发出发展非公有制经济的文件，唯恐下面不重视，而对发展公有制经济、巩固公有制经济的主体地位却毫无兴趣，一个文件也不发，两届任期，没有采取过一项有关发展国有经济的重大措施，没有开过一次研究国有经济的发展和改革的会议，对私有制、公有制这两种所有制的态度，亲疏分明，谁都感觉得到。这种状况，对于共产党的领导机关来说，岂非咄咄怪事！前几年还刮起了一股出卖国有企业的歪风，大量国有企业在"改制"的借口下，被"半卖半送"、"明卖实送"地卖给"有经营能力者"（也就是"管理层收购"）、"战略投资者"，让他们得以趁机肆意侵吞国有资产。"改制"成为某些人盗窃国有资产的**饕餮**大餐，许多私营企业主的第一桶金就是这么得来的。这就是代表私营企业主利益的某些"著名经济学家"一再要求"赦免原罪"的缘由。同时许多领导机关还出台了各种各样的优惠私营企业、外资企业的政策，而对国有企业则进行种种刁难和排挤，使非公有制经济相对于公有制经济具有明显的政策优势。这类事例，近年来屡见不鲜。这种种措施使得私营经济高速度膨胀，导致公有制在国民经济中的比重迅速下降，这个历史教训值得总结。

十八届三中全会提出积极发展混合所有制经济以后，又有人蠢蠢欲动，试图利用发展混合所有制的机会再一次化公为私，瓜分国有资产。有人提出，发展混合所有制经济，就是要突破旧的观念，"用民营经济参股的办法来激活国有经济"，搞一场新的"国退民进"运动。早已垂涎优质国有资产的私营和外资企业更是摩拳擦掌，想趁机分得一杯羹。例如，他们制造铁道部资不抵债的谎言，企图像上一轮国企改革中故意低估国有资产价值、然后低价收购那样，分批低价吃掉国有铁路。他们正在酝酿着一场新的瓜分、控制国有企业的浪潮。如果让这种企图得逞，公有制的主体地位就很难保持了。不幸的是，我们一些领导干部对此麻木不仁，甚至推波助澜。然而一旦出现私有制经济取代公有制经济成为国民经济的主体的情况，我国的基本经济制度就会变质，我们的社会主义制度就会失去自己的经济基础。那时，中国将会是一个什么样的局面？我们靠什么来坚持社会主义制度？靠什么来巩固人民的政权？靠什么来保证实现全体人民的共同富裕？这不是危言耸听，而是现实的危险。

出现这种状况，也不是偶然的，它是改革开放以来新自由主义泛滥的必然后果。近二三十年来，西方经济学尤其是新自由主义占领了我国经济学领域，马克思主义被边缘化，有的人（包括一些领导干部）言必称西方，忘记了我国是社会主义国家，忘记了理想信念。他们把西方国家的理论、政策、措施当作我国改革的圭臬。他们根本不相信公有制的优越性，妖魔化国有企业，把发展经济的全部希望都寄托在私营经济身上。一说到经济改革，就只想到出卖国有企业，发展私营经济，仿佛除此之外就谈不上改革。但中央的态度十分明确，中央文件一再申明：坚持公有制为主体，绝不搞私有化。他们不能或不敢公开反对中央文件，于是就出现了"两张皮"：说一套，做一套。这样搞多了、时间搞长了，给人们一种印象：马克思主义、社会主义只是领导嘴上说说的，领导自己也不信，实际干的是另一回事。这就败坏了共产党的形象。这种事情，一段时间里在某些领导干部身上是经常可以见到的。

当务之急是要把巩固和发展基本经济制度落到实处，采取切实措施，发展公有制经济，刹住公有制比重下滑的趋势，巩固公有制的主体地位，增强国有经济的主导作用，保证由国有经济来引导非公有制经济朝着社会主义方向发展。

七　必须全面理解"两个毫不动摇"的方针

为了坚持和完善社会主义初级阶段基本经济制度，我们在实际工作中必须全面贯彻"两个毫不动摇"的方针。

"两个毫不动摇"的方针是党的十六大提出来的。十六大指出：要"根据解放和发展生产力的要求，坚持和完善公有制为主体、多种所有制经济共同发展的基本经济制度。第一，必须毫不动摇地巩固和发展公有制经济。发展和壮大国有经济，国有经济控制国民经济命脉，对于发挥社会主义制度的优越性，增强我国的经济实力、国防实力和民族凝聚力，具有关键作用。集体经济是公有制经济的重要组成部分，对实现共同富裕具有重要作用。第二，必须毫不动摇地鼓励、支持和引导非公有制经济的发展。个体、私营等各种形式的非公有制经济是社会主义市场经济的重要组成部分，对充分调动社会各方面的积极性、加快生产力发展具有重要作用。第三，坚持公有制为主体，促进非公有制经济的发展，统一于社会主义现代化建设的进程中，不能把这两者对立起来。各种所有制经济完全可以在市场竞争中发挥各自优势，相互促进，共同发展。"① 由于这里的"第三"是把前两个"毫不动摇"综合起来说的，所以，学术界和实际工作部门往往把十六大的这一方针概括为"两个毫不动摇"。

自从十六大提出"两个毫不动摇"方针以来，十多年时间过去了，但对这一方针的理解和贯彻始终存在着分歧。主要的倾向是，一些"著名经济学家"以及实际经济工作部门，往往只强调第二个"毫不动摇"，而忽视甚至反对第一个"毫不动摇"。例如，2012 年年初，国家权威机构发布全年经济改革的意见，只字不提如何巩固和发展公有制经济，通篇只讲"放宽民间资本进入的门槛"，鼓励发展"民营经济"，仿佛改革就只是促进私营经济的发展这一个方面。有一个权威研究机构则借外国人之口，宣传我国未来发展的前景应该是：一方面对国有银行、国有企业实行私有化，理由是要适应市场经济的需要；另一方面是大力发展私营经济，办法是：降低私营企业的准入壁垒，同时要求国有企业上缴更多的税金和利润，以减少私有企业在社会支出方面的负担。在理论界，更有人公开鼓吹必须"破除社会主义一定要搞公有制、搞国有经济的迷信"，主张"以私有制为主体"，或者主张"谁是主体让市场来决定"；同时赞扬私营企业主"是现代化社会中的主导阶层，在推动社会主义经济的发展过程中起着主导的作用，其中精英分子尤其如此"，从而把十六大的精神歪曲成放手地、毫无限制地发展非公有制经济。诸如此类的言论，屡见报刊。

---

① 《十六大以来重要文献选编》（上），中央文献出版社 2004 年版，第 19 页。

面对这样的舆论环境和错误实践，我们有必要从理论上正确地阐述"两个毫不动摇"的方针。

十六大提出"两个毫不动摇"的方针，是为了巩固和发展我国社会主义初级阶段基本经济制度。所以，贯彻"两个毫不动摇"方针的目标应该是两个：一是不断巩固和增强公有制的主体地位；二是充分发挥非公有制经济的积极作用。

应该看到，两个"毫不动摇"不是简单的并列关系，而是有主次之分的。任何事物都是矛盾着的双方的对立和统一，矛盾着的两方面中，必有一方面是主要的，另一方面是次要的。其主要的方面，即所谓矛盾起主导作用的方面。"两个毫不动摇"的方针也是如此。"两个毫不动摇"是巩固和发展社会主义的方针，是为社会主义服务的方针，它统一于社会主义现代化建设的进程中。我们既要全面地贯彻这两个方面，不能只强调一面而忽视另一面，更不能把两者对立起来，又必须看到两者是有主次之分的。坚持公有制经济的主体地位、增强国有经济的主导作用是这一方针的主要方面。坚持公有制为主体、增强国有经济的主导作用，不仅决定了整个方针的社会主义性质，而且也是对非公有制经济实行鼓励、支持和引导政策的前提。也就是说，有了第一个"毫不动摇"，才能有第二个"毫不动摇"。首先，在我国社会主义初级阶段，非公有制经济的积极作用只有在公有制为主体的条件下才能显现出来。如果没有占主体地位的公有制经济，没有占主导地位的社会主义国有经济，如果让资本主义私有制占据主体地位，那就必然导致生产社会性和私人资本主义占有之间的矛盾日益尖锐化，这是会破坏生产力的。所以，公有制占主体地位，是非公有制经济发挥应有的积极作用的前提。其次，我们之所以有能力对非公有制经济实行鼓励、支持和引导的政策，关键也在于公有制经济占了主体地位。公有制尤其是国有经济，是社会主义国家掌握的、能够领导和控制整个国民经济的实力所在。一旦社会主义国家失去了公有制这个经济基础，这个国家就没有能力再对非公有制经济实行什么鼓励、支持的政策了，更没有能力去引导非公有制经济朝着有利于社会主义的方向发展了，而只能听任非公有制尤其是资本主义经济自由发展了。这样，第二个"毫不动摇"也就不能再存在了。

应该看到，不同历史时期两个"毫不动摇"的重点是不一样的。在改革开放的初期，由于过去在所有制问题上，违背生产力发展的需要，犯了"一大二公三纯"的错误，当时工作的重点放在发展非公有制经济上，这是可以理解的；现在，情况已经发生很大的变化，经过三十多年的发展，非公有制经济在整个国民经济中的比重已超过60%，国有经济已下降到不足30%，而且下降趋势仍在继续，出现了公有制经济丧失主体地位的危险。是到了大声疾呼坚持公有制的主体地位、增强国有经济的主导作用的时候了。在非公有制经济在各方面大力支持下蓬勃发展的今天，如果各级党政机关再不把注意力放在发展公有制经济上，不为加强国有经济的主导作用创造必要的条件，公有制经济的主体地位就有可能被私有制经济所取代，进而我国社会的社会主义性质就有可能改变，这是一种现实的危险。就目前实际情况而言，贯彻"两个毫不动摇"方针的重点应该放在大力发展公有制经济，增强公有制经济的主体地位上，这是当务之急。

八　改革应该为巩固和发展基本经济制度服务

党的十八届三中全会通过了《关于全面深化改革若干重大问题的决定》。《决定》阐述了全面深化改革的重大意义、指导思想、总体思路，并对2020年以前我国经济、政治、文化、社会、生态文明、国防和军队等各个领域全面深化改革的主要任务和重大举措，作出了具体部署。

在全面深化改革的总框架中，经济体制改革是重点，《决定》相当大篇幅是讲经济体制改革的。怎么理解《决定》中有关经济体制改革的重大决策，无论学术界还是实际工作部门，都存在着许多分歧。

在讨论深化经济体制改革之前，必须明确一条：改革必须服从于、服务于巩固和发展中国特色社会主义基本经济制度。基本经济制度是符合我国社会主义初级阶段生产力发展需要的，我们在整个社会主义初级阶段都必须坚持，那是不改的、过多长时间也不改的。我国的经济体制改革是社会主义制度的自我完善，说的就是在坚持中国特色社会主义基本经济制度的前提下，调整生产关系中不符合生产力发展需要的具体体制、运行机制。体制、机制是基本制度的具体实现形式，它应该反映基本制度的特点和要求，因此，一切经济体制改革的具体措施都要为巩固和发展基本经济制度服务，不能违背甚至破坏基本经济制度。现在我们常常可以看到这样的现象：在谈论中国特色社会主义时，强调要坚持基本经济制度，认为它是整个中国特色社会主义事业的支柱；然而一谈到改革，往往就把基本经济制度置诸脑后，甚至制订的改革方案违背了基本经济制度的要求。例如，有一个经济领导机关同世界银行共同制定的2030 年前改革的规划就是一个典型。

在讨论三中全会《决定》时，争论最多的是两个问题；一是关于市场作用的问题；二是关于混合经济问题。我们不来全面分析这两个问题，仅就这两个问题同基本经济制度的关系谈一些看法。

关于市场作用问题

三中全会《决定》提出，要"使市场在资源配置中起决定性作用"。这是《决定》的一个新的重要论断。学术界对这一论断有各种各样的议论。

有人是按照新自由主义的"市场经济万能论"来解读这一论断的，认为这表明一切都应该由市场来决定。举一个例子吧，有一篇自称是解读三中全会精神的文章（作者是经济工作领导机关负责人）说："提出市场起决定性作用（他故意把文件中'使市场在资源配置中起决定性作用'的'资源配置'四个字略去），就是改革的突破口和路线图，基本经济制度、市场体系、政府职能和宏观调控、财税金融、土地制度、生态文明等方面的改革，都要以此为标尺，需要摸着石头过河的改革也有了原则和检验尺度。"这是"深化经济体制改革以及引领其他领域改革的基本方针。"① 按照他的解读，"市场起决定性作用"是全面的、无所不包的，一切领域（包括基本经济制度）的事情都要由市场来决定。

应该明确，市场起决定性作用是有一定范围的，它不是在一切领域都起决定性作用。《决定》指出，要"使市场在资源配置中起决定性作用"，这就意味着，市场只是在"资源配置"的范围内才起决定性作用。这"资源配置"四个字，是不能省略的。现在，在宣传三中全会精神时，往往笼统地讲"市场起决定性作用"，这是不妥当的。

谈到市场作用问题，必须正确把握基本经济制度与市场经济的关系。

在解读三中全会《决定》时，有人提出，基本经济制度的改革，也要以市场为标尺、原则和检验尺度，所有制应该由市场来决定和选择。他们的逻辑是这样的：既然市场起决定作用，那么所有制结构应该同市场经济相适应，而公有制（尤其是国有经济）是与市场经济不相容的，因而要发挥市场的决定作用，就必须实行私有化。也就是说，他们用市场经济这种方法、手段来否定公有制，否定我们的以公有制为主体、国有经济为主导、多种经济成分共同发展的基本经济制度。他们绕了一大圈子，得出结论：我国实行市场取向的改革，发挥市场的"决定性作用"，就应该抛弃、废除我们的基本经济制度。

这就涉及一个根本性的问题：作为一种经济运行机制的市场经济同作为基本经济制度的所有制结构是什么关系？是市场经济决定所有制结构，还是所有制结构决定市场经济这种方法、手段的运用？

我们先讲一些一般道理。在任何社会里，人与人之间的经济关系（也就是生产关系）的内容都是多种多样的，它是一个多层次的、具有

---

① 杨伟民：《句句是改革，字字有力度》，载《人民日报》2013 年 11 月 5 日。

隶属关系的系统。概括来说，经济关系至少有两个层次的内容。

第一，是反映社会经济形态本质的人与人之间的经济关系。这类经济关系决定了生产的目的，决定了社会的阶级结构。每一种社会制度都有它自己固有的、与其他社会制度相区别的社会经济关系，这种社会经济关系构成了该社会制度的质的规定性，决定了它的特点和历史特殊性。所有制关系是这类经济关系的最重要的部分，它体现在制度上，就是基本经济制度。

第二，是在具体组织生产、交换、分配、流通过程中发生的人与人之间的经济关系。这类经济关系反映在经济运行、资源配置的过程中，它说明的是各种生产要素相互结合的具体形式和特点，例如企业的经营形式和管理方法，调节经济运行的计划手段和市场手段等。这类经济关系，体现在制度上，就是具体的体制、运行机制。

在经济关系即生产关系这一系统中，前者是决定性的、第一位的，因为它决定着社会制度的性质；后者是从属的、第二位的，因为它虽有其相对独立的一面，但归根结底是前者的具体实现形式，是从属于前者的，必须反映前者的特点和要求。

所有制关系属于前者的内容，而且是其基础；市场经济则属于后者的内容。所有制与市场经济的关系是清楚的：所有制决定市场经济的性质和运行特点，而不是相反。我国要建立的是社会主义市场经济体制，这"社会主义"四个字不是可有可无的，不是画蛇添足，而是画龙点睛，点明了我国市场经济体制的性质。在我国，市场经济应该为社会主义服务，应该反映社会主义制度的特点和要求。社会主义的经济基础是公有制，所以一般地讲，市场经济的运转应该服从于巩固和发展公有制的需要，在社会主义初级阶段，市场经济应该有助于巩固公有制的主体地位、加强国有经济的主导作用。不能倒过来说市场决定了所有制改革的"标尺、原则、检验尺度"。说这种话的人，恰恰表明他是迷信市场、认为市场高于一切的新自由主义者。

按照邓小平理论，市场经济是发展生产的方法、调节经济的手段。方法、手段是不可能独立存在的，必然要由某个行为主体来运用它：或者是由公有制经济来运用市场这种手段，或者是由私有制经济来运用市场这种手段。怎么运用市场这种方法、手段，要由行为主体根据需要来定。行为主体决定采用什么方法、手段，而不是方法、手段决定行为主体。这点道理，应该是不难理解的。

关于混合所有制问题

十八届三中全会提出要积极发展混合所有制经济。怎样理解混合所有制？为什么要发展混合所有制，即发展混合所有制的目的是什么？怎样发展混合所有制？这一系列问题，成为舆论的焦点。

我认为，讨论发展混合所有制问题，应该牢牢把握混合所有制是基本经济制度的重要实现形式。

我们党把公有制为主体、多种所有制经济共同发展确定为我国社会主义基本经济制度以后，就一直在积极探索这种基本经济制度的具体实现形式，即在实际工作中，通过什么样的形式、途径来巩固公有制的主体地位、加强国有经济的主导作用，实现鼓励、支持、引导非公有经济的发展？

习近平在三中全会上对《决定》做的《说明》强调指出："如何更好地体现和坚持公有制的主体地位，进一步探索基本经济制度有效实现形式，是摆在我们面前的一个重大课题。全会决定强调必须毫不动摇巩固和发展公有制经济，坚持公有制的主体地位，发挥国有经济主导作用，不断增强国有经济活力、控制力、影响力。全会决定坚持和发展党的十五大以来有关的论述，提出要积极发展混合所有制经济，强调国有资本、集体资本、非公有资本等交叉持股、相互融合的混合所有制经济，是基本经济制度的重要实现形式，有利于国有资本放大功能、保值增值、提高竞争力。这是新形势下坚持公有制主体地位，增强国有经济活力、控制力、影响力的一个有效途径和必然选择。"①

我们要牢牢把握，我国的混合所有制是基本经济制度的重要实现形式，发展混合所有制是为了实现基本经济制度。离开基本经济制度来抽象地谈论混合所有制，就会走上邪路。

应该看到，提出发展混合所有制经济，是对十五大以来有关论述的继承和发展。十五大报告分析了股份制的性质和作用，指出："股份制是现代企业的一种资本组织形式，有利于所有权与经营权的分离，有利于提高企业和资本的运作效率，资本主义可以用，社会主义也可以用。不能笼统地说股份制是公有还是私有，关键要看控股权掌握在谁手中。国家和集体控股，具有明显的公有性，有利于扩大公有资本的支配范围，增强公有制的主体作用。"② 当然股份制不等于混合所有制经济，股份制可以是纯公有制经济（例如，由国有企业联合组成的股份制企业），也可以是纯私有制经济（例如，由私营企业联合组成的股份制企业），但在我国，大量的股份制企业是混合所有制经济，即国有资本、集体资本、私营资本以及其他个人资本（有时还有外国资本）交叉持股的企业。所以，十五大对股份制所做的论断基本上可以运用到混合所有制经济上来。

在混合所有制问题上，十八届三中全会继承、发展了十五大哪些思想呢？第一，是混合所有制的性质。股份制企业（混合所有制企业）的性质，取决于哪种所有制经济控股。国家和集体控股的股份制企业，虽然不能说就是公有制（因为其中有私股的一块），但它"具有明显的公有性"。我们应该按照这种性质来考虑如何发展混合所有制以及安排混合所有制企业的管理制度。第二，是混合所有制的作用。作用是两个方面：就国有企业本身的管理来说，"有利于所有权与经营权的分离，有利于提高企业和资本的运作效率"；就不同所有制的关系来说，"有

---

① 习近平：《关于〈中共中央关于全面深化改革若干重大问题的决定〉的说明》，载《人民日报》2013 年 11 月 6 日。

② 《十五大以来重要文献选编》（上），人民出版社 2000 年版，第 21、22 页。

利于扩大公有资本的支配范围，增强公有制的主体作用"，从而也有利于引导非公有制经济的发展。这就是我们积极发展混合所有制的目的。违背了这些目的，发展混合所有制就没有意义。

应该指出，发展混合所有制经济并不是自然而然地必然成为基本经济制度的实现形式。实践表明，围绕着发展混合所有制是充满着斗争的。

从十八届三中全会以来，围绕着发展混合所有制问题议论纷纷，基本上是两种看法：一种观点是，应该大力发展社会主义国有经济控股的混合经济，把发展混合经济当作是扩大国有资本支配范围、巩固公有制的主体地位、加强国有经济主导作用、引导非公有制经济发展的一种形式和手段；另一种观点是，应该大力鼓励和发展私营经济、外资经济控股的混合经济，把发展混合经济当作是资本主义经济控制、支配、利用社会主义公有经济的一种形式和手段。他们希望通过混合经济这种形式，逐步销蚀国有经济，实质上也就是把混合经济当作推行私有化的一种手段。不能不看到，后一种看法，有时占据主流。同样是讲发展混合所有制经济，其出发点、落脚点却完全不同。

回顾一下十五大以来混合所有制发展的历史，就可以清楚地看到这种斗争是确实存在的，并非空穴来风。当时，有人用新自由主义来解读十五大精神，把股份制当作私有化的一种手段，在国有企业改制过程中，通过股份制的形式大量出售国有资产，半卖半送、明卖实送，把国有企业的改制当作肆意侵吞国有资产的饕餮大餐，导致国有资产大量流失。一些人借国有企业改制之机一夜暴富，成为大富翁。由于疯狂盗窃国有资产，私营经济得到迅速膨胀，国有经济比重急剧下降，导致公有制主体地位岌岌可危。这种景象，我们记忆犹新。不能不承认，这是新自由主义泛滥酿成的恶果。历史的教训必须吸取，绝不允许重演。

今天，又有人想借发展混合经济故伎重演，力图把发展混合所有制经济引导到资本主义经济控制国有经济、瓜分国有资产的道路上去。这种危险确实是存在的，因为这是由私人资本的本性决定的，资本的无限度追求剩余价值的冲动必然会提出这样的诉求，任谁也改变不了。更何况相对于 20 世纪 90 年代来说，现在私营经济的财力已经翻了好几番，更有可能实现控制国有经济的目的了。如果头脑不清醒，政策上不加注意的话，这种危险是会变成现实的。

2014 年 3 月 5 日，习近平在参加"两会"上海代表团会议时说："国企不仅不能削弱，而且要加强，国有企业的加强是在深化改革中通过自我完善，在凤凰涅槃中浴火重生！"3 月 9 日，他又在参加安徽代表团会议时强调，发展混合所有制经济，"要吸取过去国企改革经验和教训，不能在一片改革声浪中把国有资产变成牟取暴利的机会"。这就指明了国有企业改革和发展混合所有制的方向以及需要防止的错误倾向。

历史的经验告诉我们，发展混合经济（股份制经济）可以有两个方向、两种前途：坚持马克思主义为指导，发展公有制控股的混合经济，可以巩固和加强公有制的主体地位和国有经济的主导作用，成为基本经济制度的实现形式；以新自由主义为指导，混合经济也可以成为资本主义经济控制、利用社会主义经济的形式，成为私有化的工具。这里决定性的问题在于改革的指导思想，在实际工作中落实下来就是谁控制谁，是公有制经济控制和引导非公有制经济，还是私有经济控制和利用公有经济。这个问题非同小可，关系到我国社会主义的前途和命运，必须旗帜鲜明，划清界限，千万不要被新自由主义忽悠了。

第二章 我国社会主义初级阶段的分配问题

一 邓小平晚年十分重视分配问题

进入 20 世纪 90 年代，我国经济快速发展，人民生活大大改善。与此同时，收入差距（包括地区差距、城乡差距、居民收入差距）日益扩大，甚至出现两极分化现象。分配问题越来越突出，如果不能妥善解决，势必造成社会矛盾激化，影响社会稳定。所以，邓小平在晚年十分重视分配问题。他指出："中国发展到一定程度后，一定要考虑分配问题。也就是说，要考虑落后地区和发达地区的差距问题。不同地区总会有一定的差距。这种差距太小不行，太大也不行。如果仅仅是少数人富有，那就会落到资本主义去了。要研究提出分配这个问题和它的意义。到本世纪末就应该考虑这个问题了。我们的政策应该是既不能鼓励懒汉，又不能造成打'内战'。"①

他还说："十二亿人口怎样实现富裕，富裕起来以后财富怎样分配，这都是大问题。题目已经出来了，解决这个问题比解决发展起来的问题还困难。分配问题大得很。我们讲要防止两极分化，实际上两极分化自然出现。要利用各种手段、各种方法、各种方案来解决这些问题。"②

---

① 《邓小平年谱（1975—1997）》（下），中央文献出版社 2004 年版，第 1356、1357 页。
② 同上书，第 1364 页。

接着他提出，随着四个现代化和改革开放的深入发展，"问题也会越来越多，越来越复杂，随时都会出现新问题。比如刚才讲的分配问题。少部分人获得那么多财富，大多数人没有，这样发展下去总有一天会出问题。分配不公，会导致两极分化，到一定时候问题就会出来。这个问题要解决。过去我们讲先发展起来。现在看，发展起来以后的问题不比不发展时少。"①

邓小平晚年在分配问题上有几点是值得我们认真思考的。第一，改革开放初期，邓小平提倡一部分人、一部分地区先富起来，到了晚年，随着经济的发展，他强调要实现共同富裕。他认为，到 20 世纪末达到小康水平的时候，就要突出地解决这个问题。如果不注意这个问题，社会矛盾就会发展起来，尖锐了是会"打内战"的。邓小平是无产阶级革命家，他总是从最广大人民的利益出发考虑问题的。一部分人先富起来后，他们并不会自发地、主动地帮助还处在贫穷状态的人，先富帮后富，需要党制定和贯彻正确的政策才能实现。第二，改革开放初期，邓小平认为，作为社会主义国家，我国不应该出现两极分化，甚至不应该出现百万富翁。到了晚年，随着非公有制经济成分的发展和壮大，他改变了看法，提出"两极分化自然出现"，需要从政策上认真对待，采取各种措施予以解决。他不是回避问题，而是面对现实，要求积极解决问题。第三，改革开放初期，邓小平虽然提出要防止两极分化，但那时两极分化现象还只是一种可能性。到了晚年，他清醒地看到已经成为现实的两极分化现象的严重性。他认为，应该把解决分配不公的问题提上日程了，他把能否解决两极分化问题上升到改革是坚持社会主义道路还是滑向资本主义的原则高度，指出如果改革的结果"仅仅是少数人富有，那就会落到资本主义去了"。

这些富有远见的思想，充分表明邓小平始终是站在无产阶级立场上，密切关注改革实际进程，不掩盖问题，而是坚持马克思主义的原

---

① 《邓小平年谱（1975—1997）》（下），中央文献出版社 2004 年版，第 1364 页。

则，及时提出解决矛盾的方案。他这种鲜明的阶级立场和实事求是的态度，永远值得我们学习。在分配问题上，要说"与时俱进"的话，邓小平是一个典范。

邓小平充分估计到了解决分配问题的重要性和复杂性，指出解决分配问题比解决发展经济的问题还要困难。这就要求我们认真研究当前面临的分配不公的原因，从社会主义初级阶段的实际情况出发，根据工人阶级和广大劳动人民的根本利益，正确地制定分配政策，妥善解决分配领域出现的矛盾。然而不得不承认，目前在理论界以及实际工作中，往往对分配领域中出现的社会矛盾采取"鸵鸟政策"，回避问题。例如，客观上存在资本家无偿占有工人创造的剩余价值的现象，有人却不承认有剥削，不按照党的政策捍卫工人的利益，积极地解决劳资矛盾；随着资本主义性质的经济成分的发展，两极分化现象日益严重，有人却玩弄一些统计数字，极力否认我国存在两极分化，无视两极分化带来的社会矛盾；目前分配领域已经暴露出众多矛盾，有人却打着效率优先的旗号，不注意甚至不愿意去解决这些矛盾，只是埋头于经济建设，仿佛只要经济发展了，"蛋糕做大了"，这些矛盾就会自然而然地得到解决。这些想法和做法，只会使社会矛盾积累下来，发展下去总有一天会出问题。我们应该以邓小平为榜样，深入社会实际，调查研究，正视并妥善解决社会矛盾。只有这样，才能加强党的执政能力，巩固和发展社会主义事业。

为了正确认识和解决分配中存在的问题，我们必须从理论上研究马克思主义关于分配的基本原理，探讨社会主义初级阶段分配制度，研究一些重大的问题。

二 马克思主义关于分配问题的基本原理

当前，随着分配领域矛盾的暴露，人们对分配问题议论纷纷。这种议论，有两个层面：一个是实际工作层面，即揭示社会上分配不公的种种现象，提出解决办法；另一个是理论层面的，即从理论上探讨符合社会主义初级阶段具体国情的合理的分配制度，进而为实际工作提供依据。在一定意义上，后一层面的探讨具有根本性，意义更大。

在分配问题的理论研究上，出现了一种就分配谈分配，离开生产、交换、消费，孤立地研究分配的倾向。这种倾向，历史上就曾出现过。马克思在1875年就批评说："庸俗的社会主义仿效资产阶级经济学家（一部分民主派又仿效庸俗社会主义）把分配看成并解释成一种不依赖于生产方式的东西，从而把社会主义描写为主要围绕着分配兜圈子。"①他批评说这是"开倒车"行为，因为他早在1857年《〈政治经济学批判〉导言》里就分析了生产、分配、交换、消费的相互关系，生产决定分配，而交换、消费对分配也有着重大影响，因而必须联系生产、交换、消费来研究分配问题。这种"真实的关系早已弄清楚了"。

马克思指出：生产、分配、交换、消费是"构成一个总体的各个环节，一个统一体内部的差别。生产既支配着与其他要素相对而言的生产自身，也支配着其他要素。过程总是从生产重新开始的。交换和消费不能是起支配作用的东西，这是不言而喻的。分配，作为产品的分配，也是这样。而作为生产要素的分配，它本身就是生产的一个要素。因此，一定的生产决定一定的消费、分配、交换和这些不同要素相互间的一定关系。当然，生产就其单方面形式来说也决定于其他要素"②。所以，要研究分配问题，第一，必须看到生产对分配的决定性作用，当然分配对生产也有反作用；第二，还要注意分配与消费、交换之间的相互关系。

应该看到，分配是人与人之间的经济关系。从实物形态看，分配是产品生产出来以后，各个个人按照一定的方式分别取得自己的一份，是

①　《马克思恩格斯选集》第3卷，人民出版社1995年版，第306页。
②　《马克思恩格斯选集》第2卷，人民出版社1995年版，第17页。

产品的生产、交换、分配、消费的运动的一个环节，这是一切社会共同的。但是也应该看到，任何物质生产都是在社会中进行的，都是社会生产。"一切生产都是个人在一定社会形式中并借这种社会形式而进行的对自然的占有。"① 资产阶级经济学家经常喜欢把单个的个人作为研究的出发点，然而像鲁滨逊那一类的故事，只是文学家的想象，在现实生活中是不可能存在的。人们在生产过程中，发生一定的、必然的、不以他们意志为转移的关系，即同物质生产力的一定发展阶段相适应的生产关系。实物形态的产品运动只是人们经济关系的物质承担者。政治经济学不是工艺学，它的研究对象不是产品运动本身，而是产品运动背后隐藏着的人们的经济关系。这种经济关系，在不同社会形态里是不一样的，因此，我们研究分配时，必须把它们放到一定的社会制度下，考察它们所隐含的、在这种社会制度下特有的经济关系。在研究分配问题时应该明确，从经济关系的角度看，不同社会制度下，分配方式的性质以及它与生产、交换、消费的关系是不同的。我们不能撇开社会制度抽象地研究分配以及它与生产、交换、消费的关系。资本主义社会的分配是一回事，社会主义社会的分配是另一回事；私有制基础上的分配关系是一回事（当然私有制不同形式基础上的分配关系也是不一样的），公有制基础上的分配关系是另一回事。两者之间有着原则的区别。如果硬要在不同的社会里、不同所有制之间寻找分配的共性，那么，除了一些最一般的规定（"例如，奴隶、农奴、雇佣工人都得到一定量的食物，使他们能够作为奴隶、农奴和雇佣工人来生存"②）以及具体操作性的表面现象（例如社会主义公有制企业和资本主义私有制企业都发工资）外，恐怕会一无所获。

分配是一个历史的范畴，分配的性质和方式随着社会制度、生产关系的变迁而发生变化。资产阶级经济学家往往把资本主义分配方式当作

---

① 《马克思恩格斯选集》第 2 卷，人民出版社 1995 年版，第 5 页。
② 同上。

与历史无关的、永恒的、自然规律的事，仿佛资本获得利润、劳动获得工资、土地获得地租是天经地义的、永远不变的，然而这种分配方式是由资本主义生产方式决定的，而资本主义生产方式本身是历史的、暂时的，它只是历史的结果，而不是历史的起点，因而这种分配方式也不是永恒的。马克思指出："所谓的分配关系，是同生产过程的历史地规定的特殊社会形式，以及人们在他们人类生活的再生产过程中相互所处的关系相适应的，并且是由这些形式和关系产生的。这些分配关系的历史性质就是生产关系的历史性质，分配关系不过表现生产关系的一个方面。"[1] 因此，不能撇开具体的社会经济制度、撇开具体的生产关系去抽象地探讨某种适用于一切社会制度、一切生产关系的分配原则。这种分配原则是找不到的。我们必须把分配放到一定社会制度下进行研究，研究不同社会经济关系下分配的特殊的性质和方式。这是研究分配问题的前提。

在任何社会里，分配都不可能独立地存在，它总是同生产、交换、消费密切联系在一起，构成一个统一体。作为一个统一体内部的各个要素，它们相互依存、相互影响。为了研究的方便，我们只探讨生产、交换对分配的作用（即不研究消费与分配的相互关系，也不研究分配对生产和交换的反作用）。

首先，生产决定分配，生产方式决定分配方式。在人类社会中，分配方式不是人们主观的选择，不是随意地确定的，而是由生产方式客观地决定的。马克思指出："分配本身是生产的产物，不仅就对象说是如此，而且就形式说也是如此。就对象说，能分配的只是生产的成果，就形式说，参与生产的一定方式决定分配的特殊形式，决定参与分配的形式。"[2] 社会产品如何进行分配，是具有客观必然性的，人们可以改变分配的具体做法，但分配的性质和方式却是事先由生产方式决定了的。

---

① 马克思：《资本论》第 3 卷，人民出版社 2004 年版，第 999、1000 页。
② 《马克思恩格斯选集》第 2 卷，人民出版社 1995 年版，第 13 页。

要知道，"消费资料的任何一种分配，都不过是生产条件本身分配的结果；而生产条件的分配，则表现生产方式本身的性质"①。人们在生产关系中的地位决定了他们在分配关系中的地位，因此，不能撇开生产关系，尤其是不能撇开作为生产关系基础的所有制形式，孤立地就分配谈分配。如果这样去研究分配问题，那就只能停留在现象的描述和琐碎的操作性探讨（如工资发放的形式和时间）上，而不能了解分配问题的本质。我们研究分配问题，不能停留在分配关系的表面现象上，而应该深入到决定分配关系的生产关系中去，从生产关系中，尤其是从所有制的关系中去把握分配问题。

毛泽东十分重视马克思主义的"生产决定分配"的原理。他在读苏联社会主义政治经济学教科书时，对研究分配问题提出了一个重要的方法论原则，即必须联系生产资料所有制来研究分配问题，即联系生产条件的分配来研究消费品的分配。他批评教科书"把消费品分配当作决定性的动力"这种说法，指出"这是一种分配决定论的错误观点。就以分配问题来说，按照马克思《哥达纲领批判》中所说的，分配首先是生产条件的分配，生产资料在谁手里，这是决定性的问题。生产资料的分配决定消费品的分配。教科书在这里不讲生产资料的分配，只讲消费品的分配，并且把消费品的分配当作决定性的动力，这是对马克思上述正确观点的一种修正，是理论上的一种极大的错误"。他还指出："教科书说，社会主义比资本主义根本优越的地方就在工资不断提高，很不对。工资属于消费品的分配，有什么样的生产资料的分配，就会有什么样的产品的分配，有什么样的消费品的分配。前者是决定后者的。"②当前我国学术界研究分配问题主要的倾向恰恰就是离开生产关系尤其是离开所有制，就分配谈分配，毛泽东的批评极具现实意义。

---

① 《马克思恩格斯选集》第3卷，人民出版社1995年版，第306页。
② 《毛泽东读社会主义政治经济学批注和谈话》，中华人民共和国国史学会1997年印，第399、505—506页。

其次，交换对分配的具体形式也有着重大影响。自从原始社会瓦解、商品生产出现以来，尤其是随着资本主义的发展，商品生产的普遍化，交换（流通）对分配的影响越来越大。交换虽然不能决定分配方式，但它却能影响分配方式的具体实现形式。例如，在社会主义社会，生产资料社会主义公有制决定了分配领域实行按劳分配原则，不管在交换领域实行什么样的机制，这一原则是不会变化的。但是，按计划经济机制进行交换，还是按市场经济机制进行交换，显然会对按劳分配的具体实现形式产生影响。又如，在资本主义性质的私营企业里，资产阶级私有制决定了分配领域只能实行按要素分配的原则，资本必须参与分配，但由于交换领域实行的运行机制不同（例如，资本主义国家里实行的资本主义市场经济，我国实行的则是社会主义市场经济），同样的按要素分配原则，它的具体实现形式不能不显示出自己的特点。所以，研究分配问题，既不能离开生产，也不能离开交换，不过生产和交换对分配的作用是不一样的：生产对分配起决定作用，生产方式决定分配方式；交换对分配只具有影响作用，它不能决定分配的性质，只能够影响分配方式的具体实现形式。

把上述基本原理用来分析我国社会主义初级阶段的分配问题，我们应该分两个层次：一是分配方式，即分配的基本原则，这是由我国社会主义初级阶段的生产方式（首先是所有制结构）决定的；二是分配方式的具体实现形式，在这一层次，我国建立的社会主义市场经济体制有着重大的影响。

三　按劳分配为主、多种分配方式相结合的分配制度

根据马克思主义关于生产决定分配的原理，我们就可以正确地理解社会主义初级阶段的分配制度。

我国正处在社会主义初级阶段。就社会性质来说，我国已进入了社

会主义社会；就发展程度来说，我国还处于不发达阶段。社会主义初级阶段的具体国情，决定了目前我国的基本经济制度是公有制为主体、多种经济成分共同发展。公有制为主体，保证了我国社会的社会主义性质；而生产力水平不高、发展又不平衡，使得个体经济、私营经济、三资企业对国民经济的发展还具有积极作用，它们是公有制经济的补充。这样的所有制结构导致比较复杂的分配制度。

在生产资料社会主义公有制范围内，必须实行按劳分配的原则

在公有制的条件下，生产资料归全体劳动者共同所有，在生产资料占有方面劳动者都是平等的所有者。"全体公民在同整个社会的生产资料的关系上处于同等的地位，这就是说，全体公民都有利用公共的生产资料、公共的土地、公共的工厂等进行劳动的同等的权利。"[1] 这就排除了个人凭借生产资料所有权无偿地占有他人剩余劳动产品的可能，从而为消灭剥削、消除两极分化奠定了基础。生产资料的公有制，一方面使人们向社会提供的，"除了自己的劳动，谁都不能提供其他任何东西"，另一方面，"除了个人的消费资料，没有任何东西可以转为个人的财产"[2]。人们不能不劳而获，只能依靠自己的劳动从社会领得消费品。

但是，在社会主义条件下，由于生产力还不够发达，即还没有达到充分满足社会全体成员的生活需要和生产需要的程度，因而消费品还不可能按照劳动者的实际需要进行分配，换句话说，还不可能实行按需分配原则。加上社会主义是"刚刚从资本主义脱胎出来的在各方面还带着旧社会痕迹的"社会[3]，旧的分工依然存在，城市与乡村之间、脑力劳动与体力劳动之间、复杂劳动与简单劳动之间的差别还没有消灭，劳动还不能成为人们生活的第一需要，而仅仅是谋生的手段。在这种条件

---

① 《列宁全集》第20卷，人民出版社1986年版，第139页。
② 《马克思恩格斯选集》第3卷，人民出版社1995年版，第304页。
③ 《列宁选集》第3卷，人民出版社1995年版，第194页。

下，劳动者取得物质生活资料的多少，同他们付出的劳动之间，必然具有内在的数量依存关系，也就是说，要以劳动为尺度来分配个人消费品。正如马克思所说的，劳动者"以一种形式给予社会的劳动量，又以另一种形式领回来。"① 这就叫按劳分配。

从上面的论述我们可以看到，按劳分配有两个含义：第一，任何人只能凭借劳动取得生活资料，其他生产要素都不能参与分配，"不劳动者不得食"。尽管在物质生产过程中，生产资料是不可缺少的生产要素，它在使用价值的创造中有着自己的贡献，但却不是参与分配的一个要素。在社会主义社会里，社会所生产的总产品，在扣除了用来补偿消耗掉的生产资料的部分、用来扩大生产的追加部分、用来应付不幸事故、自然灾害等的后备基金或保险基金以后，全部按照劳动的数量和质量在劳动者之间进行分配。这是同私有制基础上的、尤其同资本主义的分配方式根本不同之处。第二，劳动者获得消费资料的多少，不是根据他实际生活的需要，而是与他向社会提供的劳动量成比例。按劳分配，劳动成为消费品分配的唯一标准，在形式上是平等的。但每一个人劳动能力有强有弱，赡养的家庭人口有多有少，按劳动数量和质量获得消费品，必然使得实际生活水平产生差异，因而这种分配方式在实际上还是不平等的。在形式上平等、实际上不平等的分配方式下，"平等的权利按照原则仍然是资产阶级权利"②。但这一"弊病"在社会主义条件下是不可避免的。这是同共产主义分配原则不同之处。

可见，按劳分配这种分配方式，是由社会主义的客观经济条件、首先是由生产资料公有制决定的。只要这些客观条件存在，它就具有不以人的意志为转移的客观必然性。当然，在社会主义的不同发展阶段上，根据不同国家的具体国情，按劳分配的具体实现形式是会有区别的，但在公有制范围内必须实行按劳分配原则，这一点是不能、也不会改变的。

---

① 《马克思恩格斯选集》第 3 卷，人民出版社 1995 年版，第 304 页。
② 同上。

在非公有制经济的范围内，必然实行按要素分配的原则

非公有制经济成分是建立在私有制基础上的。私有制的存在，使得生产资料所有者有可能而且必然凭借生产资料的所有权来参与劳动产品的分配。这是因为任何物质资料的生产活动都是生产资料与劳动力这两种生产要素的结合。在生产资料公有制的条件下，劳动者共同占有生产资料，劳动者同时也是生产资料所有者，劳动力与生产资料是直接结合在一起的，任何个人都不可能利用生产资料所有权来参与劳动产品的分配。生产资料是参与物质生产的要素，但不是参与消费品分配的要素。而在生产资料私有制条件下情况则不同。撇开个体经济（它在任何社会都不占主导地位，总是从属于其他经济成分的）不说，一切私有制经济的特点都是生产资料与劳动力相分离。这时，社会分成两极：一极是生产资料所有者，另一极是丧失生产资料的劳动者。在这种条件下，只有通过生产资料所有者以不同方式奴役劳动者才能实现生产资料与劳动力的结合，才能进行生产。这种必须以生产资料所有者作为中介的生产资料与劳动力的间接结合方式，使得生产资料所有者在经济活动中处于优势地位，从而能凭借所占有的生产资料迫使劳动者为他提供剩余产品。这样，参与劳动成果分配的，不仅有劳动力，而且有生产资料。换句话说，各种生产要素都参与分配。可见，私有制决定了劳动成果按要素进行分配的这种分配方式。

私有制的不同形式导致按要素分配的不同形式。在我国，私有制有个体所有制经济、私营企业、外资企业以及中外合资企业中的外资部分等几种形式。在个体所有制经济中，个体所有者既是劳动者又是私有者，因而无论劳动所得还是生产资料所得，均为个体所有者的收入。在私营企业和外商独资企业中，由于生产资料归企业主私人所有，而工人不占有生产资料，只能靠出卖劳动力为生。资本家在市场上按劳动力价值购买劳动力，然后驱使工人在生产过程中进行劳动，并把工人劳动创造的产品占为已有。生产领域中这种经济关系，决定了在分配领域中必然实行资本获得利润（工人创造的剩余价值）、工人获得工资（劳动力价值的反映）的分配方式。在中外合资企业中，如果中方股份属于国家或集体所有，情况就比较复杂。外方企业主凭借投资获得利润，这是按要素分配。而职工的收入则具有两重性：一方面就公有股份来说，由于职工是公股的主人，在此范围内职工的收入具有按劳分配的性质；另一方面就外商的股份来说，职工与外商的关系是雇佣关系，在此范围内，他们的收入又是劳动力价值的反映，具有按要素分配的性质。

　　毫无疑问，除了个体经济外，我国目前在私有制基础上产生的按要素分配，是带有资本主义性质的分配方式，它反映了资本所有者对工人的剥削关系。从本质上讲，这与资本主义社会的剥削关系没有原则区别。但是，这种分配方式归根结底是由生产力比较落后这种状况客观地决定的，在社会主义初级阶段具有不可避免性。但是应该看到，按要素分配只存在于非公有制经济中。我国所有制结构是公有制为主体、多种经济成分共同发展，相应地在分配领域必然是按劳分配与按要素分配相结合，以按劳分配为主体，按要素分配处于辅助地位。在我国，按要素分配不应该也不可能成为分配的主要方式。这种分配方式受到整个社会主义的政治、经济环境的制约，不仅它的适用范围是有限度的，而且它要服从于、服务于我国社会主义经济发展的需要。这一点，是我国存在的按要素分配与资本主义社会的不同之处。

　　把马克思主义关于生产与分配的关系的一般原理运用到我国社会主义初级阶段这一具体历史条件中来，我们就可以正确地回答我国当前为什么存在按劳分配为主、多种分配方式相结合的分配制度。正如江泽民同志指出的："公有制为主体、多种所有制经济共同发展，决定了我们必须实行按劳分配为主体的多种分配方式。"①

①　江泽民：《论有中国特色社会主义（专题摘编）》，中央文献出版社 2002 年版，第 58 页。

四　按劳分配、按要素分配在社会主义市场经济条件下的实现形式

我国自改革开放以来，不断缩小计划控制的空间，不断扩大市场调节的范围，到党的十四大又确定了建立社会主义市场经济体制是我国经济体制改革的目标。经过二十多年的艰苦努力，社会主义市场经济体制已经初步建立起来，并正在不断完善。

在社会主义市场经济条件下，按劳分配的实现形式和特点

在社会主义市场经济条件下，公有制经济在分配领域仍实行按劳分配原则，这种分配方式，即分配的基本性质和原则并没有也不会发生变化，因为按劳分配原则是由生产资料公有制决定的，而与交换、经济运行机制没有关系。分配的性质、基本原则不会随着计划经济转变为市场经济而发生变化。但是，交换领域的改革却对按劳分配的具体实现形式有着重大的影响。

按劳分配原则是马克思在《哥达纲领批判》中分析未来社会主义社会的分配格局时提出来的。马克思设想的按劳分配的具体实现形式是，社会主义社会的全部产品在作了必要的扣除以后，可以在全社会范围内用劳动券的形式，直接按照每一个人的劳动数量和质量进行分配。这一设想是以消灭了商品货币关系（即不存在市场联系）和分配主体是整个社会（即企业仅仅是社会的一个下属单位，没有独立性）为前提的。在社会主义市场经济条件下，这两个前提是不存在的，因此，按劳分配的具体实现形式必然呈现出与马克思的设想不同的特点。

第一，按劳分配要通过商品货币形式来实现。在市场经济条件下，每个人的劳动还不是直接的社会劳动，人们提供的劳动是否符合社会的需要，是否真正成为以及在多大程度上成为社会劳动，还需要根据所生产的商品的实现情况，即商品在市场交换中能不能卖出去、按什么价格

卖出去来确定。因此，按劳分配的实现过程，就不可能由社会直接按照劳动者个人实际提供的劳动数量和质量，以劳动券的形式把消费品分配给个人，而是一个间接的迂回的过程，即通过商品交换来实现。商品交换作为连接生产和分配的中间环节，在质上检验劳动是否符合社会需要、即是否是社会必要的劳动，在量上将个别劳动量转化为社会必要劳动量，使社会必要劳动量成为消费品分配中衡量劳动的尺度。此外，劳动者也不得不通过商品交换取得自己需要的消费品，而不是凭劳动券直接去领取。

第二，按劳分配不是在全社会范围内按统一的标准实行，而主要是以企业为单位进行的，即不是一级分配，而是两级分配。在社会主义市场经济条件下，企业的经济地位发生了很大变化，它不再是国家主管机关的行政附属物，不再是没有自己的经济利益、没有经营自主权的计划执行单位，而是相对独立的商品生产者和经营者，是自主经营、自负盈亏的经济实体。因此，实现按劳分配的过程是分两个阶段进行的。首先，企业以自己的生产经营活动从市场上获得收入，这实际上是社会通过市场将收入分配给企业；然后再由企业将收入分配给个人。在市场机制的作用下，各个企业生产经营活动的效果不一样，经济收入也不一样，这反映了企业的个别劳动耗费转化为社会必要劳动耗费的程度是不一样的，因而根据按劳分配原则获得的总收入也会有明显的差别。企业经营好，个别劳动耗费低于社会必要劳动耗费，相同的劳动时间可以比其他企业转化为较多的社会必要劳动时间，整个企业的总收入水平也就比较高；反之，总收入就比较低。这种状况使得国家不可能实行全社会统一的工资标准。为了防止各个企业之间工资标准差距过大，国家可以进行宏观调控（例如把垄断性收入收归国有），规定一些指导性的工资政策（例如规定最高工资限额、最低工资标准），但不能直接规定每个企业、每个工人的工资标准。过去我国的分配制度是以国家为主体的全国规定统一的工资制度、工资等级以及工资增长时间、增长幅度，而不问企业经营好坏，"一刀切"，这显然是计划经济体制的产物。在市场经济条件下，按劳分配的这种实现形式已经行不通了。现在，企业必须在市场竞争中通过生产经营活动获得经济收入，然后再由企业按照每个劳动者的劳动数量和质量分配给个人。至于企业内部的分配办法（例如工资形式、奖励制度等）以及分配水平和标准，应由企业自主决定。一句话，企业应成为按劳分配的主体。这样，劳动者个人收入既同个人劳动好坏联系在一起，又同整个企业的经营好坏联系在一起。这正是社会主义市场经济条件下按劳分配的特点，也是与计划经济条件下的不同之处。

第三，按劳分配的实现，要考虑到不同劳动的贡献。在社会主义市场经济条件下，随着劳动市场、技术市场等各种市场的建立和完善，劳动力的配置不再通过计划来安排，而主要是通过市场来实现，不同工种的劳动力可以自由流动。因此，各个企业在根据按劳分配原则具体规定工资制度、奖励标准时，必须考虑到每一个人的实际贡献，以便调动和发挥各方面的积极性，促进企业经济效益的提高。例如，企业管理层的收入应与整个企业经营好坏适当挂钩，经营效益好，工资就应适当提高，反之，就应当适当降低；技术人员应该根据技术对企业收入的贡献来确定工资水平和奖励数额等。不同劳动对生产经营的贡献成为衡量劳动数量和质量的主要尺度。因此，规定按劳分配的具体实现形式时，要确立各种属于劳动范围的生产要素（包括管理、技术等）按对使用价值生产的贡献参与分配的原则。

在社会主义市场经济条件下，按要素分配的实现形式的特点

在资本主义性质的经济（私营经济、外资经济）的范围内，通行的是按要素分配原则。由于生产资料集中在资本家手里，工人丧失了生产资料，但人身是自由的，只能靠出卖劳动力为生，因而资本主义分配方式是，资本家在市场上按劳动力价格购买劳动力，工人获得的工资是劳

动力价值的反映，而资本家则凭借所占有的生产资料，把工人在生产过程中创造的价值超过劳动力价值的部分（即剩余价值）无偿地占为己有。这种按生产要素进行分配的分配方式，在现实生活中是怎样实现的呢？

对按要素分配的具体实现形式有重大影响的，有这样两个因素：一是劳动力价值本身具有很大的弹性。劳动力价值是由再生产劳动力所需要的生活资料的价值决定的，但是劳动力是一种特殊的商品，它是活的人的劳动能力，而人是社会的人，他不仅有生理的需要，还有社会的需要，所以决定劳动力价值的，不仅有生理的因素，还有社会的、道德的因素，生理因素决定了劳动力价值的最低限，社会的、道德的因素决定了劳动力价值的最高限。因而劳动力价值本身并不是一个固定不变的数额。随着经济的发展和社会的进步，体现在劳动力价值中的实物内容是会不断增大的；二是劳动力作为一种商品，它的价值要通过价格表现出来。按照价值规律，由于供求关系的影响，任何商品的价格都是围绕着价值波动的，价格与价值相一致是偶然的，价格背离价值则是常态。劳动力这种特殊商品也不例外。作为劳动价格的工资也是经常同价值不一致的，究竟是高于还是低于劳动力价值，取决于劳动力的供给与需求的关系：当劳动力供大于求，工资就低于劳动力价值；当劳动力供不应求，工资就高于劳动力价值。

由于这两个因素的影响，工人获得的作为劳动力价值的表现的工资的具体数额，不可能是一个预先就确定了的东西，它要通过工人与资本家的斗争（用时髦的话来说，就是要通过劳资双方的博弈）来确定。马克思在《工资、价格和利润》一文中曾经详细分析过工人争取提高工资或反对降低工资的几个主要场合。他指出，生产的最终成果分为工资和利润两部分，两者互为消长。工资有一个最低限，它不能低于劳动力再生产的纯粹生理需要的界限，低于这一界限，劳动力就不能再生产出来，资本主义生产就不能维持；利润则没有一条规律能决定其最低限，因为我们虽然能确定工资的最低限度，却不能确定工资的最高限度。当然利润不能低到零，如果这样，资本家就停止生产了。但利润有一个最高限度：假定工作日长度是既定的，"利润的最高限度就与生理上所容许的工资的最低限度相适应"；如果工资是既定的，"利润的最高限度就与工人体力所容许的工作日延长程度相适应"。所以，"利润的最高限度受生理上所容许的工资最低限度和生理上所容许的工作日最高限度的限制。显然，在最高利润率的这两个界限之间可能有许多变化"①。资本家总是想把工资降到生理上所容许的最低限度，把工作日延长到生理上所容许的最高限度，而工人则在相反的方面不断地对抗。马克思得出结论，工资数额的确定，"归根到底，这是斗争双方力量对比的问题"②。

马克思所分析的具体分配办法，是由资本主义生产关系的本质决定的按要素分配方式在市场经济条件下的实现形式。这种实现形式具有必然性。即使在社会主义社会里，只要存在资本主义性质的经济，其分配方式就必然是资本家获得利润、工人获得反映劳动力价值的工资；只要实行市场经济，工人获得的工资也必然要通过工人与资本家之间的斗争才能确定具体数额。但是，社会主义市场经济终究是与资本主义市场经济有着原则区别的。我们搞的是社会主义市场经济，"社会主义"这四个字点明了我们的市场经济的性质。我国的市场经济是与社会主义制度相结合的市场经济，它是在以下条件下运转的：经济上公有制为主体，非公有制经济只是社会主义经济的补充；政治上，工人阶级政党——共产党处于领导地位，实行工人阶级领导的、工农联盟为基础的人民民主专政；思想上，马克思主义起指导作用，不允许资产阶级思想自由泛滥。党和国家从工人阶级的根本利益出发对市场经济的运行进行宏观调控，这种情况不能不对资本主义经济成分的按要素分配的具体实现形式

① 《马克思恩格斯选集》第2卷，人民出版社1995年版，第94页。
② 同上书，第95页。

产生影响。毫无疑问，在微观领域，由于劳资关系的不对称性，资本家由于拥有资本而处于优势地位，加上劳动力供给的充裕，工人在分配领域与资本家的斗争中处于劣势，资本家压低工资工人往往无力反抗。但在宏观领域，工人阶级处于领导地位，是国家的主人，因而完全可以通过党组织和工会组织，通过政治的、法律的手段来捍卫自己的权力和利益。这是同资本主义市场经济不同的地方。

我们的任务是，按照构建社会主义和谐社会的需要，创造出一种能够较好地协调劳资关系的、按要素分配的具体实现形式，调动劳资双方的积极性，使这种实现形式，既有利于非公有制经济的发展，又可以引导它朝着有利于社会主义的方向发展。

五　关于社会主义初级阶段的剥削问题

在讨论分配问题时，有一个问题是回避不了的：社会主义初级阶段还有没有剥削？如果还有，对于剥削现象应该采取什么政策？

谈到剥削问题，我们必须从实际出发，实事求是，不能为了迎合某种需要而否认事实，也不能避而不谈。在方法论上，应该先从理论上搞清楚什么是剥削、什么是剥削者，然后结合社会主义初级阶段的实际研究如何对待剥削的问题。

什么是剥削？

首先，剥削是一种历史现象。人剥削人的现象是人类社会进入奴隶社会以后开始出现的，迄今已有几千年的历史了。但剥削不是永恒的。在原始社会，当时极其落后的生产力以及原始公社的所有制，使得人与人之间不可能产生剥削关系。人们集体劳动获得的产品，不属于某个个人或家庭，而是在原始部落成员中平均分配，否则人们就无法生存。在社会主义社会里，生产资料公有制的建立，为消灭剥削奠定了基础。当人类进入共产主义社会，剥削将被永远地、彻底地消灭，人们将只能从历史书和博物馆里了解到人类社会曾经存在过人剥削人这种荒诞不经的现象。

剥削是人类社会发展特殊历史阶段上的一种经济关系。第一，人剥削人的现象，归根到底是由生产力发展水平所决定的：一方面，"一切部门——畜牧业、农业、家庭手工业——中生产的增加，使人的劳动力能够生产出超过维持劳动力所必需的产品"，① 也就是说，劳动生产率的提高使得人们已经有可能生产剩余产品，没有剩余产品就不可能有剥削；另一方面，生产力的发展"还没有达到既可满足社会全体成员的需要，又有剩余去增加社会资本和进一步发展生产力"②，也就是说生产力还不够发达。如果生产力的高度发达，使得社会全体成员的生活需要和生产需要都可以得到充分满足，剥削现象就可以得到根除。剥削是在生产力既有一定程度发展而又没有达到高度发展的条件下出现的。

第二，剥削是在私有制基础上产生的，剥削与私有制共存亡。从历史上说，人剥削人的现象是随着私有制的出现而出现的。原始公社是不存在剥削现象的。原始公社的瓦解，"财富积聚和集中在一个人数很少的阶级手中"，私有制出现了，掌握生产资料的阶级就有可能利用这种经济力量去剥削没有生产资料的阶级。生产资料占有的不平等，有人占有生产资料，有人却丧失生产资料，这是产生剥削的根源。只要存在私有制，剥削就是不可避免的。私有制的不同形式决定了剥削的形式也是多种多样的。"奴隶制是古希腊罗马时代世界所固有的第一个剥削形式；继之而来的是中世纪的农奴制和近代的雇佣劳动制。这就是文明时代的三大时期所特有的三大奴役形式；公开的而近来是隐蔽的奴隶制始终伴随着文明时代。"③ 只有消灭了私有制，人剥削人的现象才会最终消失。

---

① 《马克思恩格斯选集》第4卷，人民出版社1995年版，第161页。
② 《马克思恩格斯选集》第1卷，人民出版社1995年版，第238页。
③ 《马克思恩格斯选集》第4卷，人民出版社1995年版，第176页。

　　第三，剥削是生产资料所有者与劳动者之间的一种经济关系。并不是所有的私有者都是剥削者。个体农民、手工业者是私有者，但他们不是剥削者，因为他们是靠自己的劳动使用自己的生产资料进行生产的，他们既是私有者同时又是劳动者。这里，生产资料与劳动力是直接结合在一起的，这排除了剥削的可能。剥削是生产资料与劳动力相结合的一种特殊方式即间接结合方式的产物。间接结合是指这样的情况：社会分成占有生产资料的私有者和丧失生产资料的劳动者两极，生产资料与劳动力是相分离的，只有通过生产资料所有者作为中介，才能实现生产资料与劳动力的结合，才能进行生产。在这种结合方式下，生产资料转化为吸收别人劳动的手段，不再是劳动者使用生产资料，而是生产资料使用劳动者了。生产资料所有者凭借手中掌握的生产资料，无偿地占有失去生产资料的劳动者的剩余劳动所创造的产品，这就是剥削。生产资料公有制之所以能够消灭剥削，就是因为生产资料归劳动者共同占有。在这里，生产资料与劳动力在更高层次上又直接结合在一起了。

　　可见，剥削是以生产力发展到一定阶段为条件，以生产资料私有制为基础，私有者利用生产资料所有权无偿占有劳动者的剩余产品这样一种经济关系。有人不同意剥削是客观地存在的经济关系，而认为它是一种"政治安排"。例如，《书屋》2002 年第 2 期发表的一篇文章说："资本不必然带来剥削，剥削与其说是一个经济关系，不如说是一个政治安排。""真正的市场经济是劳资双方在法治的基础上彼此妥协、合作，通过互相同意尊重了对方的权利，也就在消除了压迫的同时也消除了剥削。""如果说没有剥削的话，恰恰只有这样的资本社会，才是没有剥削的。""社会政治再也不能比这更进步了，没有比这更好的社会了。在这个意义上，历史不是无限发展的，而是可以终结的。"[①] 我们感到十分惊讶的是，在一个省的新闻出版局主管的杂志上居然出现了公开为剥削辩护，甚至颂扬资本主义是最好、最进步的社会，资本主义社

---

① 樊百华：《我这样理解"剥削"不知当否》，载《书屋》2002 年第 2 期。

会可以终结历史的文章，真不知道我们是不是身处在共产党领导的、以马克思主义为指导的社会主义中国了。文章对剥削提出的论点，其实是不值一驳的，只要问一问资本主义生产方式下的普通工人，就可以得到答复：尽管工人人身是自由的，他尊重了资本家的权利，但仍旧逃脱不了遭受资本剥削的命运，因为工人丧失了生产资料，而资本家正是凭借所掌握的生产资料占有了工人创造的剩余价值，否则资本家的万贯家财是从哪儿来的呢？

正因为剥削是建立在私有制基础上的、生产资料所有者与劳动者之间的一种特殊的经济关系，所以我们不能简单地用生活上的贫富差别当作剥削的标志，不能用生活资料占有的多少来判断是否有剥削。毫无疑问，剥削必然导致贫富差距，但贫富差距不一定意味着剥削。关键要看财富是怎么得来的。靠自己的劳动使生活富裕起来，是"勤劳致富"，不是剥削。按劳分配原则的实行，也会导致贫富不均的。只有依靠所掌握的生产资料占有他人劳动成果，由此引起的贫富差距才反映了剥削关系。同样，也不能把平均主义说成是剥削。平均主义的确使得一部分人应该得到的收入而没有得到，另一部分人却得到了不应该得到的收入，但这是分配政策上的失误所造成的，它不是由特殊的经济关系所导致的必然的现象，不反映生产资料所有者与劳动者的经济关系，因而不能构成剥削关系。

不要把"剥削"这个概念庸俗化

"剥削"，在马克思主义文献中是一个十分重要的概念。正是马克思的剩余价值学说，揭示了资本家对工人剥削的实质，才使得社会主义从空想变成科学，而消灭剥削是共产党人实现理想社会——共产主义社会的一个重要内容。因此，严格按照马克思的原意科学地理解"剥削"这一概念是一件严肃的事情。决不允许随心所欲地解释剥削，把剥削这一概念庸俗化。

当前，我国学术界在社会主义初级阶段有关剥削的问题上，存在两种错误倾向。一种是在存在私有制、存在阶级的情况下，为了迎合某种政策的需要，否定剥削的存在，不敢或不愿承认有剥削，怕承认剥削会影响外国和本国资本家的投资。其实剥削是一种客观的经济关系，不是人们主观上不承认就会消失的。在存在剥削的地方，我们就应该承认有剥削，积极研究对待剥削的政策，而不应该采取掩耳盗铃的态度；另一种倾向是把剥削这一概念庸俗化，歪曲马克思主义关于剥削的科学内涵，离开私有制、离开阶级来谈剥削问题，把分配领域中的、自己认为是不合理的现象统统称之为剥削。这里着重分析一下后一种倾向。

有人打出对"马克思主义政治经济学基础理论"进行"创新研究"的旗号，提出要"重新界定""剥削范畴及其功能作用"。他引用了马克思关于剥削的一段论述："凡是社会上一部分人享有生产资料垄断权的地方，劳动者，无论是自由的或不自由的，都必须在维持自身生活所必需的劳动时间以外，追加超额的劳动时间来为生产资料的所有者生产生活资料。"① 对这一关于剥削的经典性论断，作者批评说，"这一定义对剥削内涵和外延的界定均显得过于狭窄，与现在的实际情况不完全吻合。"作者怎样对剥削这一范畴进行"创新"，使之符合现在的实际情况呢？他说，"传统政治经济学倾向于用特定主体或特定物的标准来判别是否剥削，即根据主体是什么人和凭什么获得收入作为剥削与否的标准。具体而言，资本家、地主、奴隶主等获得的收入就是剥削，其他人获得的收入就不是剥削；凭借资本所有权、土地所有权等获得的收入就是剥削，凭借劳动等获得的收入就不是剥削。这样的标准显然是不客观、不公正也与实际不符的。"那么，怎样理解剥削才是客观的、公正的、符合实际的呢？作者提出，剥削与生产关系、与所有制和阶级是没有必然联系的，"应根据主体获得收入的手段、方式等来判断是否剥削。"因此，除了马克思说的"资本对劳动的剥削"外，还有六种剥

---

① 马克思：《资本论》第 1 卷，人民出版社 2004 年版，第 272 页。

削："劳动对资本的剥削"，"劳动（智力）对劳动（体力）的剥削"，
"资本对资本的剥削"，"企业对企业的剥削"，"企业家才能对其他要素
的剥削"，"生产者对消费者或消费者对生产者的剥削"等。其实，按
照作者的逻辑，剥削的外延还可以无限地延伸下去，可以把作者认为不
合理的现象全都列进去。这样剥削就无所不在了，不仅私有制存在剥
削，公有制也存在剥削；不仅阶级社会存在剥削，没有阶级的社会也存
在剥削。照作者看来，剥削是永恒的，哪个社会都有，而且是永远也消
灭不了的。

　　经过作者这样一番"创新"，人们对本来十分清楚的剥削这个概
念，反而搞得一笔糊涂账了。

　　剥削是人与人之间的一种经济关系，它是指生产资料所有者凭借所
掌握的生产资料无偿地占有劳动者剩余劳动创造的产品这样一种经济关
系，是与私有制联系在一起的。到了社会主义社会，生产资料的社会主
义公有制的建立，劳动者共同占有、并平等使用生产资料，任何人都不
可能凭借生产资料所有权去占有他人的劳动产品，产生剥削的经济基础
消失了，剥削就不可能存在了。消灭私有制，建立公有制，是消灭剥削
的前提。邓小平说："社会主义的经济是以公有制为基础的，生产是为
了最大限度地满足人民的物质、文化需要，而不是为了剥削。"① 社会
主义公有制是消灭剥削的经济基础。看来，作者是不赞成邓小平这一论
断的。

　　剥削也是与阶级联系在一起的，我们讲的剥削是指一个阶级对另一
个阶级的剥削。列宁指出："所谓阶级，就是这样一些大的集团，这些
集团在历史上一定的社会生产体系中所处的地位不同，同生产资料的关
系（这种关系大部分是在法律上明文规定了的）不同，在社会劳动组
织中所起的作用不同，因而取得归自己支配的那份社会财富的方式和多
寡也不同。所谓阶级，就是这样一些集团，由于它们在一定社会经济结

---

① 《邓小平文选》第 2 卷，人民出版社 1994 年版，第 167 页。

构中所处的地位不同，其中一个集团能够占有另一个集团的劳动。"①
阶级和剥削是密不可分的。正因为在社会经济结构中存在地位不同（同
生产资料的关系不同，在劳动组织中所起的作用不同）的阶级，就有可
能产生剥削关系；反过来，只要存在剥削关系，社会成员就必然分成不
同的集团、不同的阶级——剥削阶级和被剥削阶级。所以我们总是把剥
削与一个社会的基本阶级关系联系在一起考察的。例如在资本主义社
会，我们通过揭露资本家无偿地占有工人阶级创造的剩余价值这种剥削
关系，阐明了资产阶级与无产阶级之间的阶级关系；同时，我们也总是
把消灭剥削与消灭阶级并提的，只有消灭阶级才能最终消灭剥削。

马克思主义关于剥削的理论是一个严谨的学说，但它并不是学究式
的探讨，而是服务于十分严肃的政治的。在资本主义社会里，它要通过
揭示剥削的表现及根源，确定工人阶级与资产阶级之间的关系，阐明工
人阶级的历史使命——进行社会主义革命，推翻资本主义制度，建立彻
底消灭剥削、消灭阶级、消灭私有制的崭新的社会制度。

作者对"剥削"的"创新"解释的一大错误就是离开了私有制、
离开了阶级来抽象地谈论剥削问题，结果把一个具有严肃政治意义的关
于剥削问题的研究工作引上了邪路，变成了某种庸俗的文字游戏了。

作者的另一个错误是就分配谈分配，在分配问题上打圈子，忘记了
分配是由生产决定的。作者强调"剥削问题是一个收入分配问题"，他
是从分配的角度来研究剥削的。剥削从现象上看，是属于分配领域的
事：一些人（一个阶级）无偿地占有了另一些人（另一个阶级）创造
的劳动产品。然而怎么会出现这种关系呢？这一个阶级凭什么能够无偿
地占有另一个阶级创造的劳动产品呢？若停留在分配领域就回答不了这
个问题，必须深入到生产领域去探究问题的根源。生产决定分配，生产
方式决定分配方式，这是马克思主义关于分配问题的基本原理。必须运
用这一基本原理来研究剥削问题。在任何一个社会里，分配方式都不是

---

① 《列宁选集》第4卷，人民出版社1995年版，第11页。

人们主观的选择，不是随意地确定的，而是由生产方式客观地决定的。人们在生产关系中的地位决定了他们在分配关系中的地位，因此，不能撇开生产关系，尤其是不能撇开作为生产关系基础的所有制形式，就分配谈分配。我们研究剥削问题，不能停留在分配的表面现象上，而应该研究决定分配方式的生产关系，从生产关系中，尤其是从所有制的关系中去把握剥削问题。这是我们研究剥削问题的基本方法论原则。离开生产方式、离开所有制去讨论分配问题（包括剥削问题），必然把讨论引入歧途。马克思指出，把分配看成并解释成一种不依赖生产方式的东西，那是庸俗社会主义者的观点。作者恰恰重复了庸俗社会主义者的错误，仿佛分配（包括剥削）与生产方式无关，可以离开生产关系、离开所有制来解释分配（包括剥削）。他说"停留在生产领域来讨论剥削问题过于狭窄"，"把剥削的依据、条件仅限于对生产资料的占有或垄断不够全面"，主张把剥削"延伸到交换领域"，甚而声称"不仅有资本雇佣劳动，还有劳动雇用资本，甚至劳动（智力）雇佣劳动（体力）等"；"既有凭借生产条件进行的剥削，也有凭借市场条件进行的剥削，每一类条件当中又可以细分出好多具体条件"。于是，他把生产关系尤其是所有制关系撇在一边，任意地编造各种各样的、令人发笑的"剥削"了。

作者提出一个命题："现实的收入分配基本原则是要素报酬，各种要素在收入分配中的份额取决于要素在其中的地位和作用。"这个命题本身就是不符合客观实际的。在社会主义初级阶段，现实的基本分配制度是：以按劳分配为主，多种分配方式相结合。这"多种分配方式"，除了按劳分配外，主要是指按要素分配。所以，有时我们又把基本分配制度叫作以按劳分配为主，按劳分配与按要素分配相结合。这种分配制度是由社会主义初级阶段基本经济制度决定的：生产资料所有制领域是以公有制为主体、多种经济成分共同发展，这就决定了分配领域的以按劳分配为主、多种分配方式相结合的制度。作者把要素报酬（即按要素分配）当作当前世界唯一的分配原则，而完全否认按劳分配这种占主体地位的分配方式，这是不符合客观实际的。当前历史条件下，在公有制范围内必须实行、也只能实行按劳分配原则，因为劳动者共同占有生产资料，不允许任何人凭借生产资料所有权参与分配，而生产力水平不高又不可能实行按需分配，因而只能按照劳动的数量和质量进行分配。按劳分配是社会主义公有制的分配原则。按要素分配则是私有制基础上产生的分配方式，因为生产资料归私人所有，生产资料所有者必然要求凭借生产资料所有权获得收入。所以，在分配领域除了劳动之外，还有生产资料也要参与分配，也就是说，各种生产要素都参与分配。按劳分配与按要素分配是在不同生产关系、不同所有制条件下的两种不同的分配原则，不能把按劳分配理解为按要素分配的一个组成部分，把公有制企业里工人获得工资（这是按劳分配的具体实现形式）也当作按要素分配的一种形式，进而像作者那样完全否定按劳分配的存在。有人列举公有制企业分配中存在的问题，仿佛公有制也存在剥削。这也是错误的。应该看到，公有制的建立，不允许生产资料参与分配，从而从根本上铲除了剥削的根源，至于在实行按劳分配原则过程中出现的种种缺点、错误，诸如平均主义或差距过大，只是具体工作中产生的问题，可以采取措施予以纠正，这里构不成剥削关系。

在私有制范围内，实行的才是按要素分配。例如，在资本主义性质的经济成分中，占有生产资料的资本家在市场上按劳动力价值购买工人的劳动力，使他占有的生产资料同工人的劳动力结合起来，进行生产。这种生产方式决定了工人获得劳动力价值、资本家获得工人创造的剩余价值这样的分配方式。资本家凭借生产资料所有权、工人凭借劳动力所有权参与分配，这就叫按要素分配。资本主义企业中工人获得的工资，是工人劳动力价值的反映，因而是按要素分配的一种表现，不能不区分所有制性质、望文生义地把工人凭劳动获得工资都叫作"按劳分配"。在私有制（个体所有制除外）基础上产生的按要素分配原则，必然出现剥削关系。因为按照劳动价值论，价值是由活劳动创造的，生产资料只是在生产过程中转移自身的价值，而不会增加任何一个"价值原子"。生产资料所有者凭借生产资料所有权获得的收入，并不是生产资料创造的，而是从劳动创造的价值中强取过来的，这就是剥削。

在社会主义初级阶段，由于存在私有制，在此范围内实行按要素分配原则是不可避免的，因而剥削也是客观存在的；然而由于还存在社会主义公有制，而且公有制还占主体地位，因而还存在按劳分配原则，而且按劳分配在分配领域中还占主体地位，这也是一种客观存在。这一点，作者恰恰忘记了。

作者列举的各种剥削形式，除了资本剥削劳动这一种形式外，都是他脱离生产关系、脱离所有制，凭主观想象编造出来的。说劳动剥削资本，这简直是天方夜谭！在资本主义条件下，劳动相对于资本来说始终处于劣势。工人丧失生产资料，除了劳动力外一无所有，他怎能"雇用"资本呢？工人获得的工资不过是劳动力的市场价格，而且面对相对过剩的人口压力，工人获得的工资经常在劳动力价值以下，他又怎能"剥削"资本呢？至于说到工人拥有小额股票，那只不过是资本家集中社会资金、加强对工人的剥削的一种手段而已，哪里说得上是劳动雇佣资本、劳动剥削资本呢？在社会主义公有制的条件下，劳动者共同占有和使用生产资料，他既是劳动者，又是所有者，在这里说劳动雇佣资本，等于说自己雇佣自己；说劳动剥削资本，等于说自己剥削自己。作者说的劳动（智力）剥削劳动（体力），也是十分可笑的。马克思说过，复杂劳动等于倍加的简单劳动，相同时间内复杂劳动创造的价值多于简单劳动创造的价值，作为复杂劳动的智力劳动理应获得比作为简单劳动的体力劳动更多的收入。智力劳动者如果不占有生产资料，他是不可能与体力劳动者构成剥削关系的。作者所说的企业对企业、资本对资本的剥削，在资本主义条件下，只是工人阶级创造的剩余价值在不同资本家之间的重新分配而已，是资本家之间的瓜分剩余价值的斗争，哪里是什么剥削关系呢？说到生产者与消费者的关系，在市场经济条件下至多也只是流通领域中的相互竞争的关系，用西方经济学的话来说，是一种博弈关系，而说不上谁剥削谁的问题。说企业家的才能剥削其他要素，要看企业家是生产资料的所有者，还是资本家雇佣的经理人员，前者的占有剩余价值的才能与工人构成剥削关系，后者的才能属于管理的才能与工人不构成剥削关系，至多也只是起了帮助资本家剥削工人的作用。作者的本事就是罗列收入分配中各式各样的现象，只要他认为是不合理的，一股脑儿地都把它归结为"剥削"，然后宣布，马克思"过于狭窄"，而他是"创新"！这种创新的结果是什么呢？把大量的、不是剥削的东西硬说成是剥削，其实质就是掩盖了真正的剥削，进而否定消灭剥削的必要性和可能性。这种理论上的混乱是会导致严重的政治后果的。

什么是剥削者？

顾名思义，剥削者就是有剥削行为的人。但是并不是所有的有剥削行为的人都是剥削者，这里还有一个剥削量的问题。一切事物总是有个"度"，从有轻微剥削行为的人到成为剥削者是一个从量变到质变的过程，剥削量要达到一定程度，才会成为剥削者。马克思在《资本论》第一卷第九章中对此作了具体的描述。他说，并不是任何数量的货币都可以转化为资本的。假定剩余价值率为50%，工人的必要劳动为 8 小时，剩余劳动为 4 小时。生产资料所有者必须雇佣两个工人，才能靠他每天取得的剩余价值，来过与劳动者一样的生活，来满足他必不可少的需要。在这种场合，他的生产目的还只是维持生活。假定他的生活水平要比普通劳动者好一倍，那么他就要雇佣 4 名工人。但资本主义生产的前提不是消费，而是财富的不断增值。因此，他占有的工人创造的剩余价值必须不断转化为资本，即必须不断进行资本积累。为了使他获得的剩余价值既能保证他的生活比工人好一倍，又有一半可以转化为资本，他必须雇佣 8 名工人，因此他必须备办 8 名工人劳动所需要的生产资料，换句话说，他拥有的垫支资本必须足以雇佣 8 名工人。

应该指出，马克思在说明货币所有者转化为资本家这种量变到质变的现象时，仅仅是以一个假定的例子来论证的。他并不是在提划分阶级成分的标准：雇佣 7 个工人就不算资本家，雇佣 8 个工人就算资本家。相反，他明确指出，"单个的货币占有者或商品占有者要蛹化为资本家而必须握有的最低限度价值额，在资本主义生产的不同发展阶段上是不同的，而在一定的发展阶段上，在不同的生产部门内，也由于它们的特殊的技术条件而各不相同。"① 这就是说，拥有多少资本、雇佣多少工人才算资本家，需要根据具体的时间、地点、条件进行分析。马克思举的例子只是提供了回答什么是剥削者这一问题的方法论原则。我们在制定确定什么是剥削者的具体政策时，不能简单地搬用马克思假设的例子，而应该运用马克思主义的立场、观点、方法，在深入进行调查研究的基础上，根据当时当地的具体条件，确定划分剥削者的标准。

但是，剥削者与劳动者的界限是客观存在的。这条线划在哪儿，可以研究和探讨，然而量变到质变总有个"度"，有一个临界点。不能因为这条线不大好划，就否定这个"度"的存在。

经常有人提出，生产资料私有者往往也从事管理，他们怎么不算劳动者呢？毫无疑问，从事管理的生产资料私有者与食利者是有区别的。但是对于管理活动需要作具体分析。我们撇开个体劳动者不说，人类历史上私有者的管理活动都具有两重职能：一方面，它是组织社会劳动的职能，即把各种生产要素（生产资料、劳动力）按照一定的配置方式有效地组织起来；另一方面，它又是剥削的职能，即通过特定的组织形式，或者赤裸裸地奴役劳动者（如奴隶主对待奴隶、农奴主对待农奴），或者在自由、平等的掩盖下隐蔽地奴役劳动者（如资本家对待雇佣工人），无偿地占有劳动者剩余劳动创造的产品。这两重职能从来都

① 马克思：《资本论》第 1 卷，人民出版社 2004 年版，第 358 页。

不是简单的并列关系，两者之间总有一个是主要的、起主导作用的方面。在剥削的职能是主要的，管理职能从属于剥削的需要，从剥削获得的收入是主要收入来源的条件下，即使从事管理活动，他们也是剥削者。决不能认为凡是做了管理工作就是劳动者，就不能叫剥削者。如果这一论点成立的话，那么，一些自诩"天纵英明"、勤于政事的古代皇帝，按此逻辑也应进入劳动者行列了。然而他们的活动是服务于巩固封建统治的，他们是地主阶级的总代表。同样，资本家从事经营管理活动，尽管在竞争的压力下也是十分紧张，耗尽脑力和体力，但由于这些活动的目的是为了榨取工人所创造的剩余价值，获取最大限度的利润，因而并不会使他们由剥削者变为劳动者。

如何对待剥削？

剥削是人类社会发展到一定阶段上的人与人之间的经济关系。我们应该用历史唯物主义的态度来对待剥削，即应该联系具体历史条件来分析剥削，不能抽象地予以肯定或否定。从伦理道德角度看，人剥削人是一种不合理的、甚至丑恶的现象，应该加以谴责。然而道义上的愤怒，无论多么入情入理，还不足以当作分析社会发展问题的依据。作为马克思主义者，更重要的是要研究剥削产生的根源、它所起的历史作用以及消灭剥削必须具备的条件。各种剥削形式体现了不同的生产关系，我们应该运用马克思主义的生产力与生产关系相互关系的原理，来分析剥削的历史地位和作用。马克思主义告诉我们，生产力决定生产关系，而生产关系反过来又影响生产力，加速或延缓生产力的发展。如果生产关系适合生产力的性质，就能促进生产力的发展，成为推动生产力发展的巨大动力；如果生产关系不适合生产力性质，就会阻碍、束缚生产力的发展。我们要从某种剥削形式是促进还是束缚生产力发展的角度来评判它的功过，而不能从思想感情出发，仅仅以道德观念作为评判标准。

原始公社瓦解以后，人类社会进入奴隶制社会。奴隶主把奴隶当作会说话的工具，对奴隶进行惨无人道的奴役和剥削，对于这种行为，从现在的角度看理所当然地要受到鞭挞和声讨。但是，讲一些泛泛的空话来痛骂奴隶制、发泄一下高尚的义愤是无济于事的。如果深入地研究一下，我们却不得不承认，在奴隶制取代原始公社的那个历史条件下，这种剥削制度却是进步的。由于生产力极其低下，剩余产品极为稀少，残酷剥削奴隶成为生产力进一步发展、科学文化昌盛的必要条件。正如恩格斯指出的："只有奴隶制才使农业和工业之间的更大规模的分工成为可能，从而为古代文化的繁荣，即为希腊文化创造了条件。没有奴隶制，就没有希腊国家，就没有希腊的艺术和科学；没有奴隶制，就没有罗马帝国。没有希腊文化和罗马帝国所奠定的基础，也就没有现代的欧洲。"他充分肯定奴隶制这种残酷的剥削制度的历史作用，甚至认为在一定意义上，"没有古代的奴隶制，就没有现代的社会主义。"① 当然，奴隶制的历史作用是有限的、短暂的，对奴隶进行残酷剥削的制度使得奴隶毫无积极性，奴隶通过破坏生产工具、大规模逃亡和起义进行反抗，因而随着生产力的发展，这种制度逐渐成为生产力的桎梏，用封建制度取代奴隶制就成为不可避免的了。

资本主义制度，作为人类社会最后一个剥削制度，也有一个从促进生产力发展转化为束缚生产力发展的过程。在封建社会末期，资本的原始积累导致生产资料集中在少数资本家手里，大多数劳动者除了自己的劳动力之外，一无所有。于是，掌握生产资料的资本家从市场上购买劳动力，雇佣工人进行生产，并把生产过程中工人创造出来的超过劳动力价值的那一部分价值即剩余价值，攫为己有。自由、平等、自愿的外表掩盖不了资本家对工人的剥削的残酷性，饥饿的纪律取代棍棒的纪律改变不了工人遭受奴役的本质，恩格斯的《英国工人阶级状况》一书在深入调查的基础上对此作了很好的揭露。然而马克思恩格斯在严肃地批判资本主义剥削的同时，却充分肯定它的历史作用，他们指出："资产

---

① 《马克思恩格斯选集》第 3 卷，人民出版社 1995 年版，第 524 页。

阶级在它的不到一百年的阶级统治中所创造的生产力，比过去一切世代创造的全部生产力还要多，还要大。"① 但是，随着资本主义的发展，生产社会性与私人资本主义占有之间的矛盾越来越尖锐化，资本主义的这个基本矛盾的发展表明这种剥削制度已经束缚生产力的发展了，于是，资产阶级私有制的丧钟敲响了，彻底根除剥削的时代到来了。

现在，我国正处在社会主义初级阶段，在这样的历史条件下，应该怎样对待剥削呢？社会主义是要消灭剥削的，这一点无需隐讳。邓小平指出："社会主义的本质，是解放生产力，发展生产力，消灭剥削，消除两极分化，最终达到共同富裕。"② 他是把消灭剥削作为社会主义的本质提出来的。但是，这一目标需要随着条件的成熟才能实现。在社会主义初级阶段，完全消灭剥削的条件还不成熟。我们应该坚持历史唯物主义，从生产关系与生产力相互关系的原理出发，按照"三个有利于"的标准来制定对待剥削的政策。对于封建制度的地主对农民的剥削关系，应该彻底否定，因为它已完全不适合生产力的性质，窒息生产力的发展，而且我们通过土地改革已经根除了这种剥削形式。对于资本主义的剥削，即在资产阶级私有制基础上资本家无偿占有工人创造的剩余价值这种剥削形式，则需要作具体分析。一方面，在当前的历史条件下，随着生产力的发展，生产越来越具有社会性质，生产力的这种性质客观上要求由社会占有生产资料并调节整个国民经济。生产资料的资本家私有制不符合生产力的社会性质的要求，生产社会性与私人资本主义占有之间产生了尖锐的矛盾。从整体上以及发展趋势上看，社会主义公有制取代资产阶级私有制是不可避免的，也是必要的。正是根据这一情况，我们通过没收官僚资本，并对私营工商业进行社会主义改造，确立了社会主义公有制在整个国民经济中的主体地位。改革开放以来，我们一直坚持公有制为主体，反对私有化，其道理也就在这里。另一方面，我国

---

① 《马克思恩格斯选集》第 1 卷，人民出版社 1995 年版，第 277 页。
② 《邓小平文选》第 3 卷，人民出版社 1993 年版，第 373 页。

目前的社会主义还处于初级阶段，即不发达阶段。我们是在一个生产力不发达的落后国家里建设社会主义的，因而需要在社会主义条件下经历一个相当长的时期去实现工业化和现代化。这是不可逾越的历史阶段。新中国成立以来，经过六十多年的建设，我国生产力有了很大提高，但总的来说，生产力不够发达的状况还没有得到根本改变。而且各部门、各地区生产力发展又极不平衡。我国既有高度社会化的、采用先进技术的大生产，又有分散的、使用原始工具的经济。多层次的生产力水平也要求有多层次的所有制结构与之相适应。这种情况决定了除了作为主体的公有制外，还需要有个体经济、私营经济、三资企业等非公有制经济作为补充。这些非公有制经济对国民经济的发展、满足人民的多种需要还有着积极的作用。适应客观存在的生产力水平及其发展的要求，我国建立的社会主义初级阶段基本经济制度，是以公有制为主体、多种经济成分共同发展。只要存在以私有制为基础雇佣工人进行生产的私营经济、三资企业，资本主义性质的剥削关系就是不可避免的。然而在国家政策规定的范围内这种剥削形式对经济的发展是有益的、必要的，应该予以保护。在社会主义初级阶段，对于私营经济、三资企业中存在的剥削行为，一定意义上是有利于生产力发展、有利于提高人民生活水平的，因而我们的政策不仅允许存在，而且要给予一定程度上的鼓励和支持。

讲到如何对待剥削时，必须注意从理论上分清以下两个问题。

第一，把剥削本身与剥削的作用区分开来。上面讲过，剥削是一种客观存在的经济关系，只要有私有制，在此基础上，生产资料所有者利用所掌握的生产资料无偿地占有劳动者剩余劳动的产品，剥削就客观地存在了。外部环境的不同，只能影响剥削的表现、剥削的程度，但改变不了剥削这一事实本身。不能说在资本主义国家里资本家雇佣工人、榨取剩余价值是剥削，他到中国来投资，同样是在私有制基础上雇佣工人、榨取剩余价值，却不是剥削了。这是说不通的。但是，客观条件的差异会使得同一种剥削形式具有不同的历史作用。如果说在世界范围内，就整体来说，资本主义生产方式已经阻碍了生产力的发展，因而"私有制的丧钟敲响了"的话，那么在我国社会主义初级阶段的具体环境下，资本主义性质的剥削关系仍对国民经济的发展具有积极作用。既不能因为我们最终要消灭剥削就否定目前资本主义剥削形式仍存在的积极作用，也不能因为剥削还有积极作用就否定剥削本身，不敢讲是剥削。我们是历史唯物主义者，对待剥削必须实事求是，客观上存在剥削这种经济关系，就要承认有剥削；客观上某种剥削形式还有利于经济的发展，我们就肯定这种作用。当然在宣传工作中不同时期有不同的重点，但在理论上应该有清醒的认识，不要否认存在剥削关系这一事实。

第二，必须把握好最高纲领与现实纲领的关系。我们的最高纲领与现实纲领是既有联系又有区别的。共产党人的最终奋斗目标是实现共产主义，早在《共产党宣言》中马克思恩格斯就向全世界公开宣布了这一点。共产主义社会是要消灭私有制、消灭阶级、消灭剥削的，我们的一切工作都是朝着这个目标前进的。但是，实现这个目标不可能一蹴而就，而需要随着条件的成熟逐步推进。恩格斯在回答"能不能一下子就把私有制废除？"这一问题时指出："不，不能，正像不能一下子就把现有的生产力扩大到为实现财产公有所必要的程度一样。因此，很可能就要来临的无产阶级革命，只能逐步改造社会，只有创造了所必要的大量生产资料之后，才能废除私有制。"① 对于剥削，我们也应该这样认识。我们的最终目标是要彻底消灭剥削的，但在当前社会主义初级阶段的条件下，还需要保留和利用某种剥削形式。现实纲领是为实现最高纲领服务的，但不等于最高纲领。制定现实纲领，仅仅从抽象的理论、未来的最终目标出发是不够的，还必须结合当前的具体实际，考虑怎样才能促进生产力的发展，否则不可能成为朝着实现最高纲领迈进的一步。现实纲领又不能脱离最高纲领，离开最终奋斗目标的纲领是毫无意义

---

① 《马克思恩格斯选集》第 1 卷，人民出版社 1995 年版，第 239 页。

的。今天我们保护剥削关系是为了将来彻底消灭剥削关系，而不是使剥削永恒化。利用剥削，发展生产力，为最终消灭剥削创造条件，这就是历史的辩证法。

六　怎样认识两极分化问题

谈到当前我国的分配问题，经常会提到两极分化。在社会主义初级阶段有没有两极分化？至今众说纷纭。有人不承认有两极分化，认为如果承认有两极分化，就是否定改革，他们甚至玩弄统计游戏，把城乡分开计算基尼系数，得出结论，我国基尼系数并不高，认为主要问题是平均主义，要警惕"杀富济贫"。显然这种论调是粉饰现实、赤裸裸地为暴富的资产阶级进行辩护，因而为人们所不齿。大多数人则认为我国两极分化已经十分严重，他们也用基尼系数来说明问题，提出改革开放前的1978年，我国基尼系数仅为0.16，而2003年达到0.458。有人估计，我国基尼系数已达到0.53或0.54，大大超过国际上公认的、基尼系数为0.3～0.4的"社会失衡临界点"，接近"社会动荡临界点"。他们大声疾呼，解决两极分化问题已经迫在眉睫。也有人说，会不会产生两极分化，取决于工作，工作做得好就可以避免两极分化。总体来说，一般谈论两极分化问题的文章，大多停留在揭露分配领域中的不公现象，解决两极分化问题的思路往往也只是停留在再分配领域采取某些措施。

在研究两极分化问题之前，必须分析两极分化的实质，了解两极分化这一概念的内涵。

两极分化是马克思分析资本主义积累一般规律时提出来的论断

一般来讲，人们在使用"两极分化"这一概念时，指的是这样一种社会现象：一极是财富的积累；另一极是贫困的积累。马克思最早科学地分析了这种社会现象的根源。马克思在《资本论》第 1 章、第 23 章中深刻地阐述了资本主义积累的一般规律，他指出："社会的财富即执行职能的资本越大，它的增长的规模和能力越大，产业后备军也就越大。可供支配的劳动力同资本的膨胀力一样，是由同一些原因发展起来的。因此，产业后备军的相对量和财富的力量一同增长。但是，同现役劳动军相比，这种后备军越大，常备的过剩人口也就越来越多，他们的贫困同他们所受的劳动折磨成正比。最后，工人阶级中贫苦阶层和产业后备军越大，官方认为需要救济的贫民也就越多。这就是资本主义积累的绝对的、一般的规律。"① "这一规律制约着同资本积累相适应的贫困积累，因此，在一极是财富的积累，同时在另一极，即在把自己的产品作为资本来生产的阶级方面，是贫困、劳动折磨、受奴役、无知、粗野和道德堕落的积累。"②

从马克思对资本主义积累一般规律的分析中，我们可以看出，两极分化是资本与劳动对立所产生的社会现象，因而它在本质上是资本主义生产关系的反映。如果把两极分化仅仅看作是财富分配的不公平，仅仅看作是分配问题，那么，这种认识只是停留在现象的表面，而没有抓住问题的本质。马克思指出："无产和有产的对立，只要还没有把它理解为劳动和资本的对立，它还是一种无关紧要的对立，一种没有从它的能动关系上，它的内在关系上来理解的对立，还没有作为矛盾来理解的对立。"③ 劳动和资本的两极对立是资本主义经济关系的本质，财富与贫困的两极对立则是资本与劳动对立的表现形式。因此，只有从分析资本与劳动的对立入手，即只有分析资本主义经济关系，才能把握两极分化的实质。

资本与劳动的对立，根源于生产资料占有的不平等，私有制是产生

---

① 《马克思恩格斯选集》第 2 卷，人民出版社 1995 年版，第 258 页。
② 同上书，第 259 页。
③ 《马克思恩格斯全集》第 3 卷，人民出版社 2002 年版，第 294 页。

两极分化必不可少的条件。但是，并不是任何私有制都会导致一极积累财富，另一极积累贫困这种社会现象的。且不说个体所有制，即使是在奴隶社会和封建社会里，生产资料所有者追逐的是使用价值的消费，这在既定历史条件下总是有一定限度的。资本主义生产方式则不同。在资本主义私有制下：一方面，资本追逐的是价值的增值，价值是无差别的，价值的增值没有任何界限，所以作为资本人格化的资本家就有榨取剩余价值的无限的冲动，他不断地把剩余价值转化为资本，以获取更多的剩余价值。这就造成财富越来越多地集中在资本家手里，只要有可能，这一过程是无尽头的；另一方面，随着资本的积累，资本有机构成的提高，资本对劳动力的需求日益相对地、有时甚至绝对地减少，由此形成相对过剩人口即产业后备军。大量产业后备军的存在，又使得资本家有可能压低工人的工资，加强对工人的剥削，从而使无产阶级贫困化，造成贫困在劳动者一极积累起来。这两方面是相辅相成、互相促进的，工人创造的剩余价值转化为资本，而资本的积累又加强了对工人的剥削，从而造成财富与贫困两极分化越来越加剧。

可以说，两极分化是以资本与劳动的对立为基础的资本主义生产关系的产物，它是资本主义积累一般规律的表现。只要存在资本与劳动的对立，两极分化就是不可避免的。只有用公有制代替私有制，用社会主义取代资本主义，才有可能消除两极分化这种社会现象。邓小平把消除两极分化列为社会主义的本质，其理论根据也就在这里。

两极分化必然导致无产阶级与资产阶级之间阶级矛盾的尖锐化。资产阶级学者从为资本主义制度辩护的需要出发，不能也不愿意揭示两极分化背后的阶级对立，因此往往用收入的差距、生活富裕程度的差异（例如基尼系数）来说明两极分化这种社会现象。无疑，像基尼系数这类指标，在一定程度上是可以反映社会上贫富悬殊的状况的。但是，第一，它只是停留在现象的描述上，而没有透过这种现象揭示出事情的本质，没有找出产生这种现象的根源；第二，这类指标没有阶级分析，在按收入水平、生活富裕程度划分不同集团时，把在社会经济关系中处于不同地位的不同阶级混淆在一起，从而掩盖了阶级矛盾。

在资本主义社会里，两极分化现象激化了阶级矛盾，威胁到资产阶级的政治统治。为了防止阶级矛盾的激化，资本主义国家采取一系列措施来限制两极分化，缓和两极分化带来的社会矛盾。例如，对高收入者（主要是大资本家）的收入实行累进所得税，对生活困难者发放各种补贴，普遍实行社会保障等。这就是资产阶级学者经常标榜的"福利国家"。他们试图使劳动者相信，不需要推翻资产阶级政权，不需要触动资本主义生产关系及其基础——资产阶级私有制，只要通过税收制度和社会保障制度，就能够实现收入均等化，消除贫富悬殊现象。这是一个骗局，资本主义国家的社会福利政策是在维护资本对劳动的剥削的前提下推行的，劳动人民得到"社会福利"，无疑在一定程度上改善了劳动人民的生活，但这并不是资产阶级恩赐的，它实际上是劳动者自己的劳动成果。实施社会福利政策，无非是想使劳动者更加"安心"地接受资本家对工人的剥削，因而只是垄断资产阶级的一种更精巧、更隐蔽、更富有欺骗性的剥削手段。资本主义国家（包括发达资本主义国家）的大量事实表明，这种福利政策并没有解决财富在一极积累、贫困在另一极积累的问题。按照发达资本主义国家的经济水平及其拥有的物质财富，是具备消灭贫困的条件的，然而正如西方的一些学者指出的，资本主义不是不能消除贫困，而是这一制度需要贫困。失业、贫困等社会弊端并不是因为生产力不够发达，而是资本主义生产关系造成的。消除两极分化，必须消除资本与劳动的对立，也就是必须推翻资本主义制度，别无他途。

驳国有经济是两极分化的根源论。有人利用两极分化问题来攻击国有经济。例如，有一位具有一定影响的官员提出，处于垄断地位的国有企业工资水平高于私营企业，这表明国有经济是两极分化的根源。因此，要消除两极分化，必须消灭国有经济，实行私有化。她的意思是，所有企业都是私营企业，两极分化自然就消失了。这是一个十分荒谬的论断。

上面讲过，两极分化是资本主义积累一般规律的表现。改革开放以前，我国在所有制结构方面，实行的是单一的公有制，那时根本没有两极分化的现象，因为没有产生两极分化的经济基础。但这种所有制结构同我国社会主义初级阶段的生产力水平不相适应。改革开放以来，我国根据生产力发展的要求，建立了公有制为主体、多种所有制经济共同发展的所有制结构。随着非公有制经济的发展，在资本主义性质经济范围内不可避免地出现了两极分化现象。这就是邓小平所说的"两极分化自然出现"①。资本主义性质的经济越发展，两极分化现象就越多，如果消灭了公有制，让私营经济一统天下，两极分化就成了全社会的普遍的现象了。

那位官员提出国有经济是两极分化的根源，这种说法，我们且不用从理论上来分析其谬误，道理很简单，在公有制条件下，人们在生产资料面前是平等的，谁都不可能利用生产资料来无偿占有他人的劳动成果，因而不可能产生两极分化；从实践上讲，有一个谁也不能否认的事实：改革开放以前，公有制占绝对统治地位，国有经济的产值占国民经济的80%以上，谁都承认，那时并没有两极分化现象；现在，国有经济的产值已经退到了国民经济的30%以下，结果出现了严重的两极分化现象。显然，两极分化现象的出现和扩大是同公有制经济比重的下降、资本主义私有制经济比重的上升分不开的。

不可否认，当前我国国有企业内部的分配制度存在许多不合理之处，不能完全体现按劳分配的原则。这是需要在实际工作中通过改革加以解决的。但绝不能利用国有企业工资制度中不完善、需要改革的具体问题，来否定国有企业分配制度的根本性质，更不能把这些具体问题上纲为两极分化，进而否定国有经济。

在社会主义初级阶段如何对待两极分化

随着改革开放的深化，人们的收入来源日益多样化，我国社会各个

---

① 《邓小平年谱（1975—1997）》《下》，中央文献出版社2004年版，第1364页。

阶层、各个集团收入差距逐渐扩大，出现了富裕程度不均，甚至贫富悬殊的现象。舆论界对两极分化问题议论纷纷，正是对这种现象的反映。

我国正处在社会主义初级阶段。我国的所有制结构是复杂的，既有占主体地位的公有制，又有个体经济、私营企业、三资企业等非公有制经济。非公有制经济已经成为社会主义市场经济的重要组成部分。不同的所有制决定不同的分配方式。在公有制范围内，实行按劳分配原则，消灭了剥削，从而也就消除了两极分化，为实现共同富裕奠定了基础。毫无疑问，在贯彻按劳分配原则时，既可能出现平均主义的倾向，也可能出现差别过大的现象，但这都只是实际工作中的错误，完全可以通过调整政策加以纠正。在私有制范围内，情况就根本不同。在那里，私有制决定的分配方式只能是按要素分配。在我国，私有制有多种形式，性质不一样，分配方式也不完全一样。就私营企业、外资独资企业以及合资企业中的非公有制部分而言，它们具有资本主义性质。毫无疑问，与资本主义社会相比较，在我国公有制为主体的条件下，这些资本主义性质的经济受到社会主义"普照之光"的影响，其经营的外部环境，经济运行的具体条件显然不同，因而具有自己的特点，但是决定其性质的内部经济关系却没有发生本质的变化。在这些经济成分中生产资料仍归资本家私人所有，他们雇佣工人进行劳动，并无偿地占有工人所创造的剩余价值。这种经济关系仍然存在资本与劳动的对立，资本积累的一般规律仍然在起作用（尽管其作用范围受到很大限制，作用的形式也有很大变化），因而在这些经济成分的范围内，两极分化现象是难以避免的。

大量事实证明，我国已经出现了相当严重的两极分化现象，这也是回避不了的。一方面，我国现在有一个堪比世界富豪的阶层，据估计，2009 年百万美元的富翁人数已达到 67 万户（现在就更多了），居世界第三，资产超过十亿的富翁人数仅次于美国，名列世界第二。他们拥有别墅、豪车，生活奢侈糜烂；另一方面，就大多数普通老百姓来说，尽管改革开放以来生活有很大改善，但仍然有相当多的人生活没有达到小康水平，有的还没有解决温饱问题，他们处于相对贫困、甚至绝对贫困的境地。按照联合国的标准，每日收入在 1 美元以下，属于绝对贫困，2 美元以下为低收入，属于穷人之列。现在估计中国有 1.5 亿人口每日收入不足 1 美元，属于绝对贫困；有 31% 的人口即 4 亿多人每日收入在 2 美元以下，属于穷人（有人估计，城乡合计每日收入在 2 美元以下的人口达 10 亿）。尽管有人竭力否认两极分化，然而事实是任何辩词也改变不了的。

　　有人担心，承认在一定范围内存在两极分化，会不会影响改革开放的形象？的确，邓小平曾经说过："社会主义的目的就是要全国人民共同富裕，不是两极分化。如果我们的政策导致两极分化，我们就失败了……"①我认为，这一论断，第一，是就社会整体而言的；第二，是就发展趋势而言的。如果我们的改革导致两极分化越来越严重，以致成为主流现象，这就违背了社会主义的方向，这种改革当然是失败的。这一论断并不意味着不允许在一定范围内存在两极分化现象。我们根据社会主义初级阶段生产力发展的要求，不仅允许而且鼓励非公有制经济的存在和发展，那么就应该承认由资本与劳动的对立所决定的两极分化也是一种客观的存在，毋庸讳言。邓小平的论断只是告诫我们，改革必须坚持社会主义方向，必须坚持公有制为主体，注意不要使两极分化现象普遍化。江泽民多次指出，我们必须坚持公有制的主体地位，"决不搞私有化。这是一条大原则，决不能有丝毫动摇。"② 只要公有制的主体地位不动摇，在此条件下发展非公有制经济，那么在分配领域就可以坚持以按劳分配为主，多种分配方式相结合的原则，两极分化就可以控制在允许的范围内，从而保证改革沿着社会主义方向健康地发展。

　　在社会主义初级阶段，我们应该如何对待两极分化呢？

---

　　① 《邓小平文选》第 3 卷，人民出版社 1994 年版，第 110、111 页。
　　② 江泽民：《在东北和华北地区国有企业改革和发展座谈会上的讲话》，载《人民日报》1999 年 8 月 12 日。

第一，应该按照历史唯物主义关于生产关系与生产力的相互关系的原理来理解和对待两极分化。既然两极分化是资本主义关系必然产生的社会现象，那么评价两极分化实质上就是评价资本主义生产关系的历史作用。从道义上讲，共产党人是要谴责两极分化的，我们搞社会主义就是要消除两极分化。但对我国在一定范围内存在的两极分化现象，应采取历史唯物主义的态度。在社会主义初级阶段，具有资本主义性质的私营企业，三资企业，对国民经济的发展起着积极作用，因而我们对在此基础上产生的两极分化现象是允许存在的。我们对两极分化的政策，不能从道德观念、思想感情出发，而应该立足于是否有利于生产力发展这一价值判断。

第二，应该采取措施，缓和两极分化带来的社会矛盾。虽然在目前条件下，两极分化在一定范围内难以避免，但是必须看到，两极分化现象如果听任其发展是会激化社会矛盾并引起社会不稳定的。因此，我们在允许存在两极分化的同时应该采取措施，一方面把两极分化控制在一定范围内（这一点，不应用阻碍私营经济、三资企业的发展的办法，而应靠积极发展公有经济，增强公有制的主体地位来实现）；另一方面限制两极分化带来的消极影响，缓和社会矛盾。除了严厉打击偷税漏税、侵吞国有资产、行贿等违法行为（对这些违法行为的任何"赦免""淡化"的主张，只会激起民愤，绝不可取）外，还需要通过征收个人收入的累进所得税、扩大社会保障等办法缩小贫富差距。

第三，应该明确，我们的最终目的是在消灭私有制基础上彻底消灭剥削、消除两极分化现象。但是，这一目的需要随着条件的成熟逐步实现。目前允许剥削、两极分化在一定范围的存在，并不是我们的目的，在再分配领域采取一些缩小收入差距的措施，也不是共产党所追求的公平的标志。我们是利用资本主义性质经济的积极作用，发展生产力，为将来消灭资本主义、最终消灭剥削、消除两极分化创造条件。当然，这是一个十分漫长的历史过程。

七　怎样看待财产性收入

有人主张，应该鼓励增加财产性收入，并把这一点列为分配领域的一项重要政策。这是值得研究的一个问题。

收入，按大类来区分，可以分为两类：一是劳动收入；一是非劳动收入，即财产性收入。

财产性收入范围很宽，性质也不完全一样。财产性收入的主要部分是投资于企业经营活动获得的收入，即资本收入。我们仅就有关这一类财产性收入的问题谈一些看法。

财产性收入的性质

大家知道，在商品生产过程中，只有劳动（活劳动，包括管理、技术等在内）才能创造价值，生产资料（资本）只能按照消耗掉的比例，把自身的价值转移到新产品价值上去，而不能增加新的价值，劳动是价值的唯一来源。资本获得的收入，只是资本家凭借生产资料所有权无偿地占有工人剩余劳动创造的剩余价值。因此，从性质上说，劳动收入，是劳动创造的价值的一部分，是劳动者自己创造的；资本收入，则是占有他人劳动创造的价值，而不是资本自己创造的，是剥削所得。

在我国社会主义初级阶段，按照生产力水平和发展的要求，我们建立了公有制为主体、多种所有制经济共同发展这样的所有制结构。在占主体地位的公有制经济成分里，由于生产资料归劳动者共同所有，在生产资料面前人人都是平等的，任何人都不能凭借生产资料所有权获得收入，因此，实行的是按劳分配原则，个人收入都是劳动所得。在处于辅助地位的非公有制经济成分里，由于生产资料归私人所有，有人占有生产资料，而有的人没有生产资料，占有生产资料的人不会让人白白使用生产资料，必然要凭借生产资料所有权获得收入，因此，有权参与分配的，不仅有劳动，还有生产资料，各种生产要素都要参与分配，也就是说，实行的是按要素分配原则。在非公有制经济里，个人收入既有劳动收入，也有非劳动收入（财产性收入）。就非公有制经济中的主要成分——私营经济、外资经济而言，工人获得的是劳动收入，资本家获得的收入，除了参与管理活动得到的外，主要是非劳动收入（财产性收入，即资本收入），也就是剥削所得（应该指出，即使是他的管理活动，也具有两重性，即既是社会总劳动的一部分，又是为榨取剩余价值这一目的服务的）。资本收入尽管是剥削所得，但在社会主义初级阶段是不可避免的，也是合法的。

劳动收入与财产性收入，性质上是不一样的，因而在政策上虽然都要保护，但也应该有所区别，不能一视同仁。

共产党应该重视劳动收入

马克思主义十分重视劳动在社会经济发展中的作用。劳动是人类社会存在和发展的首要条件。一个民族或一个社会，如果停止劳动，不用说一年，就是几个星期也维持不了。恩格斯指出：劳动"是一切人类生活的第一个基本条件"[1]。人类只有通过生产劳动才能使自然界为自己提供物质生活资料，因而生产劳动是人类首要的实践活动。人们在劳动生产实践过程中改造自然、影响自然并使之适应社会需要。毫无疑问，劳动必须同生产工具相结合才能进行生产，但人是生产力中最重要、最活跃的因素，因为生产工具是人的劳动制造出来的，没有人的劳动，就不会有生产工具；生产工具也是由人的劳动来使用和发动的，没有人的劳动，生产工具只是一堆死东西，不可能成为现实的生产力。

劳动创造人类，也创造世界，这是历史唯物主义的基本道理。我们任何时候都要把劳动放在第一位。共产党是工人阶级先锋队，代表了广大劳动人民的利益，是为劳动人民谋福利的，更不能轻视劳动转而去崇

---

① 《马克思恩格斯选集》第 4 卷，人民出版社 1995 年版，第 373 页。

拜资本，党的性质决定了这一点。资产阶级学者总是把资本当作生产的最重要的要素，仿佛资本自己能够创造价值，"钱能生钱"，有没有劳动不要紧。他们鄙视劳动，看不起劳动者，这种态度是由他们的剥削阶级本质决定的。共产党不能这样，我们必须全心全意地依靠工人阶级、依靠劳动人民，为劳动人民服务，这是我们的根本，也是我们力量的源泉。记得有一位领导同志谈过，讲"神圣不可侵犯"，共产党就要讲"劳动神圣不可侵犯、劳动权神圣不可侵犯、劳动收入权神圣不可侵犯"。"私有财产神圣不可侵犯"，那是资产阶级的口号。这是一语中的，讲到根本上去了。

在分配问题上，我们也应该把劳动收入放到第一位，首先考虑劳动者的收入。制定收入分配的政策时，把资本收入放在第一位，还是把劳动收入放在第一位，从理论上讲，这是一个承认不承认历史唯物主义关于劳动创造世界、劳动是生产力第一要素这些基本原理的问题；更值得提出的是，从实践上讲，这是一个阶级立场问题，即站在哪个阶级一边考虑分配问题，是首先维护工人、农民的利益，还是片面地维护资本家的利益，甚至侵犯工人、农民的利益。随着私营经济、外资经济的发展，这个问题越来越突出了。一些经济学家总是站在资本家一边考虑问题，总是帮资本家出主意怎么压低工人工资，增加利润，利用舆论工具，宣传"效率优先"，让资本家先富起来。这种舆论影响到了实际工作，一些地方在"改善投资环境"的旗号下，千方百计帮助资本家大幅度增加利润，甚至当资本家发生违法行为（例如利用国有企业改制的机会盗窃国有资产、偷税漏税等）时，还提出"赦免原罪"，要求不予追究。与此同时，却竭力压低工人（尤其是农民工）的工资，有的地方二十多年不涨工资。诸如此类现象的出现，表明这些理论家、国家干部已经丧失了劳动人民的立场，变成资产阶级利益的维护者了。

立场问题，我们多年不提了，然而这却是客观存在的。这个问题，我们不得不多说几句。与自然科学不同，社会科学（除了少数学科如语言学、逻辑学等外）是研究人与人之间的社会关系的，而在存在阶级的社会里，不同的阶级、不同的社会集团具有不同的、甚至对立的利益。研究对象的特点客观地决定了社会科学具有强烈的阶级性。这一点，经济学研究尤为明显。马克思曾经指出："在政治经济学领域内，自由的科学研究遇到的敌人，不只是它在一切其他领域内遇到的敌人。政治经济学所研究的材料的特殊性质，把人们心中最激烈、最卑鄙、最恶劣的感情，把代表私人利益的复仇女神召唤到战场上来反对自由的科学研究。"①经济学研究具有阶级性，这连西方资产阶级学者也是承认的。例如，凯恩斯就公开说过："在阶级斗争中会发现，我是站在有教养的资产阶级一边的。"② 诺贝尔经济学奖获得者、美国经济学家索洛说："社会科学家和其他人一样，也具有阶级利益、意识形态倾向以及一切种类的价值判断。但是，所有的社会科学的研究，和材料力学或化学分子结构的研究不同，都与上述（阶级）利益、意识形态和价值判断有关。不论社会科学家的意愿如何，不论他是否觉察到这一切，甚至他力图避免它们，他对研究主题的选择，他提出的问题，他没有提出的问题，他的分析框架，他使用的语言，很可能在某种程度上反映了他的（阶级）利益、意识形态和价值判断。"③ 在我国讨论分配问题时，我们应该自觉地站在劳动人民一边考虑和制定分配政策，千方百计地维护和增加劳动收入；即使是保护财产性收入（资本收入），也是根据社会主义初级阶段的具体条件，从劳动人民根本利益出发确定的，而不是站在资本家立场上提出来的。

在分配政策上财产性收入应处于第二位

在我国社会主义初级阶段，由于所有制结构方面实行公有制为主体、多种所有制经济共同发展的基本经济制度，这就决定了在分配方面实行

① 马克思：《资本论》第 1 卷，人民出版社 2004 年版，第 10 页。
② 凯恩斯：《劝说集》，商务印书馆 1962 年版，第 245 页。
③ 索洛：《经济学中的科学和意识形态》，载克伦道尔、埃考斯编《当代经济论文集》，波士顿，利特尔·布朗公司 1972 年版，第 11 页。

按劳分配为主、多种分配方式相结合的制度。所谓"多种分配方式"，归结起来就是按劳分配和按要素分配两种分配方式。因此，财产性收入（包括资本收入）只要是合法取得的，都应得到法律的保护，不得侵犯。

问题在于，作为社会主义的分配政策，劳动收入与资本收入，哪一种收入应该放在第一位？哪一种收入应该优先考虑？

任何事物都是一分为二的，但事物的两个方面不是均衡的，总有一个方面是主要的方面，而这个主要方面决定了事物的性质。分析任何问题都需要既全面地考虑事物的两个方面，又要区分主次，分清主要方面和次要方面。例如，在社会主义初级阶段，在所有制结构中，既存在公有制，也存在非公有制经济（包括资本主义性质的经济成分），那么我们为什么说我国是社会主义社会呢？就是因为我国是以公有制为主体的，其他经济成分的活动受到公有制的决定和制约。一旦公有制丧失主体地位，社会性质就会发生变化，由社会主义变成资本主义。这里，不分清主次，就看不清社会的性质。再如，在我国政治制度中，凡是不反对社会主义的人都属于人民，都是建设中国特色社会主义的力量，但人民是分成不同阶级、阶层的，人民之间既有建设中国特色社会主义的共同利益，也有不同的具体利益，这就决定了各个阶级、阶层之间，在政治态度方面既有共同的一面，也存在一定的差异。所以要区分依靠力量和团结力量。工人、农民等劳动人民是建设中国特色社会主义的主力，而资本家等则是团结对象，因为它一方面对国民经济的发展有积极作用；另一方面又存在剥削，即有与社会主义的本质要求相矛盾的一面。如果把资产阶级当作依靠对象，而把工人农民撇在一边，社会主义政权就难以巩固，党的执政地位就会发生动摇。

分配问题也是如此。在社会主义初级阶段，由于所有制结构中既有公有制又有私有制，决定了分配方式既有按劳分配，也有按要素分配；收入来源既有劳动收入，也有财产性收入（资本收入）。我们在研究和处理分配问题时，这两个方面都必须考虑到，但两者必须分清主次。在社会主义条件下，必须坚持按劳分配为主，坚持把劳动收入放在第一位。如果按要素分配成为主要分配方式，如果分配政策上把资本收入放到第一位，那就与社会主义性质相悖了。

当前更应该强调保障和增大劳动收入

在当前条件下，更应该重视保障和增大劳动收入。

经过三十多年的改革开放，我国非公有制经济得到了迅速发展。私营经济、外资经济是资本主义性质的经济成分，追逐剩余价值是它们的本性。在我国，从实际情况看，工资低于劳动力价值、利润侵占劳动报酬已经成为非公有制经济的普遍现象。我们不来分析产生这种状况的原因，只是用一些资料来说明这一现象。

据全国第一次经济普查资料，全国国有企业职工年平均工资为14089元，私营企业为9282元，农民工月工资为639元，私营企业职工的工资相当于国有企业的65%，农民工的工资为国有企业职工工资的45%。20世纪90年代以来，珠江三角洲地区的经济（在那里，绝大部分是私营经济、外资经济）以年均20%的速度增长，而当地农民工工资12年每年仅增加5.1元，扣除物价上涨的因素，实际工资是下降了。2007年，全国工资总额2.8万亿元，国有企业发放1.62亿元，占57.6%；其他经济成分发放1.18万亿元，占38.5%。但国有企业职工人数仅占全国城镇就业总人数的21.8%，私营经济等非公有制经济占70%。可见非公有制经济劳动者收入低到什么程度。

与此同时，非公有制经济的利润却飞速增长。2006年，规模以上私营工业企业实现利润1860亿元，比2000年的189.6亿元增加了8.84倍，在全国规模以上工业企业中所占比重由4.3%上升到25.8%；拥有的资产从3873亿元上升到37910亿元，增加了8.78倍。2009年，全国私营企业实现利润达到6849亿元。在"十五"期间，非公有制经济的利润年均增长41.2%，其中私营经济利润年均增长59.8%；非公有制经济拥有的资产年均增长 29.2%，其中私营经济拥有的资产年均增长 49.1%。

　　一方面劳动收入低下；另一方面资本收入迅速增长，两极分化现象就不可避免地出现了，而且有不断扩大的趋势。据 2007 年国家统计局公布的资料计算，我国城镇居民占 20% 的高收入人群的收入占总收入的 69.5%，而占 20% 的低收入人群的收入仅占总收入的 12.6%。收入最高的 10% 的人群与收入最低的 10% 的人群相比较，收入的差距由 1988 年的 7.3 倍扩大到 2007 年的 23 倍。一个拥有上千万、上亿元资产的人群迅速形成。2007 年，我国私营企业主有 1390 万人，平均每户拥有资产 182 万元；资产超过千万的 87.5 万人，过亿的 5.5 万人，过 10 亿的 1900 人，过百亿的 140 人。据招商银行的报告，2008 年全国个人投资资产在 1000 万元以上的 32 万人中，拥有的投资资产超过 9 万亿元，占全国城乡居民存款总额的 1/2，也就是说，占人口 0.2% 的人持有的投资资产已占到全国的一半。[①]

　　这些数据表明，改革开放以来，在非公有制经济成分中，两极分化越来越严重。这种状况不仅使得劳动人民感到经济地位、政治地位下降，丧失了主人翁感，而且也严重阻碍了社会经济的发展。举一个例子，面对国际金融危机的严重冲击，大家越来越感到必须扩大内需，降低对外依存度，而扩大内需的瓶颈就是劳动收入的低下，工人农民的消费能力太弱。两极分化已经严重影响到经济的进一步发展，影响到经济发展方式的转变。现在，收入差距过大的问题，到了必须解决的地步了。现在还强调鼓励增加财产性收入，从总体上说是不合时宜的。至于少数特殊情况，另当别论。不要轻视分配问题，它直接关系到我国政权的巩固、经济的发展。现在需要的是雪里送炭，改善民生，而不是制造一夜暴富的神话；需要的是鼓励劳动，宣传劳动光荣，引导人们诚实劳动致富，而不是沉迷于资本投机；需要的是大力保障劳动收入，而不是

---

　　①　宗寒：《切勿忽视分配不公的巨大负作用》，载《中华魂》2010 年第 12 期。

鼓励增加财产性收入，让有钱人越来越富。我们反对平均主义，同时也要防止两极分化的扩大，要知道，按照邓小平的理论，消除两极分化是社会主义的本质要求。

我们最终是要彻底取消财产性收入的

在社会主义条件下，财产性收入是初级阶段分配领域的现象，不能把它凝固化、永恒化。随着社会主义从初级阶段向高级阶段发展，财产性收入是要逐步消失的。

现在有一种倾向：只讲社会主义初级阶段，不谈未来社会的发展，未来的奋斗目标，仿佛多种所有制经济共同发展将是永远存在的，私有制始终是不可或缺的，因而资本收入也将永远存在。那些主张私有化的人甚至提出，私有产权是社会进步、经济发展必不可少的，那么凭借私有财产获得收入也会是永恒的。

应该旗帜鲜明地指出，财产性收入是历史的、暂时的现象，我们最终是要取消它的。当然，取消财产性收入是一个漫长的历史阶段，不能急于求成。我们的最终目标是要取消财产性收入尤其是要彻底消灭资本收入的，但在当前社会主义初级阶段的条件下，还不能做到这一点，还需要保留和维护财产性收入（包括资本收入）。然而今天我们保护财产性收入、保护资本收入，是为了将来彻底消灭私有制、彻底取消财产性收入尤其是剥削收入，而不是使它永恒化。我们的目的是利用私有制，利用资本收入，调动私营企业主的积极性，发展生产力，为最终消灭私有制、取消资本收入创造条件。

八　怎样理解公平

与分配问题相联系的，还有一个公平的问题。

　　实现公平（以及与此相近似的公正、平等、正义等），① 是人类自古至今孜孜以求的社会理想。远的如《礼记·礼运》中描述的"大道"，近代的如康有为《大同书》里提出的"大同世界"。但是，究竟什么叫"公平"？"公平"与"不公平"的标准是什么？对这个看似十分简单的问题，回答却是莫衷一是，往往没有一个科学的回答。这有点像爱情，大家都讲爱情，但对爱情的理解却是五花八门的，各执一词，从来没有一个大家都同意的统一的说法。人们经常自己设定一个公平的标准，然后用这个标准去衡量社会上的一切事物，符合这一标准的，就认为是公平的，就表示支持；不符合这一标准的，就认为是不公平的，就予以谴责。人们总是把自己理解的"公平"作为标准，来衡量社会现象是否合理，并设计未来的理想社会。资产阶级打出公平、平等的旗号进行反封建斗争，并把资本主义社会说成是最公平的社会；小资产阶级社会主义者则认为保留小私有制才是公平的，并用自己设想的"永恒的公平"来批判资本主义。

　　近来，我国学术界对公平问题的议论多了起来，这也许同越来越多的社会不公现象引起大家重视有关。在目前的讨论中，有人把平均主义当作公平，凡是不平均的地方，就认为是不公平的；有人提出"社会主义＝市场经济＋社会公平"的公式，把他们臆想的公平当作一个社会是不是具有社会主义性质的标准；有人把私营企业主凭借手中掌握的生产资料无偿地占有工人剩余劳动创造的价值，看作是天经地义的事，理由是利润是资本创造的，因而私营企业主获得利润是最公平不过的了，谁对此提出异议，那就违背公平原则了；有人主张只要在再分配领域做一点调整，如对富人征收累进所得税，对穷人实行最低保障，这就实现了公平。各种说法都有，令人莫衷一是。

————————

　　① 公平是一个十分宽泛的范畴，可以是社会学的范畴，例如讲机会平等；也可以是法学的范畴，例如讲法律面前人人平等。我认为，根本的是作为经济学范畴的公平，因为经济是基础，其他领域的公平问题是从经济领域的公平问题派生出来的；而经济领域中的公平问题，人们往往主要指的是分配问题。我们只局限于探讨有关分配领域的公平问题。

　　我们是社会主义国家，我们的指导思想是马克思主义。在谈论公平问题时，必须运用马克思主义基本原理来进行分析，这样才能统一认识，进而统一行动。离开马克思主义，只能是越讨论越糊涂。

公平是由社会经济关系决定的，世界上并没有抽象的、永恒的公平

　　什么叫公平？在国际共产主义运动中一直是有争议的。这种争议，归根结底是历史唯心主义与历史唯物主义两种世界观分歧的表现。有人认为，世界上存在一种抽象的、"普世"的、"永恒"的公平，资本主义社会违反了这种公平，因而是不合理的，未来的社会应该是公平的社会，我们就是要为实现公平而奋斗。我们之所以要用社会主义取代资本主义，就是因为社会主义能够实现公平。他们把这种臆造的"公平"作为改造旧社会制度、设计新社会制度的根据，仿佛社会制度是由思想决定的，而不是由生产力的性质客观地决定的。蒲鲁东就是这样的典型。他从人的"类本质"出发，提出一种"永恒的公平"，批评资本主义社会违反了公平的原则，因而应该建立一种符合"永恒的公平"原则的社会制度来取代它。

　　马克思恩格斯批评了蒲鲁东的"永恒的公平"。恩格斯在《论住宅问题》一文中指出，蒲鲁东主义的一个特点是，每当需要分析经济关系时，就求助于永恒的公平。蒲鲁东"要求现代社会不是依照本身经济发展的规律，而是依照公平的规范（"法的观念"不是他的而是米尔柏格的东西）来改造自己。"[①]"蒲鲁东在其一切著作中都用'公平'的标准来衡量一切社会的、法的、政治的、宗教的原理，他屏弃或承认这些原理是以它们是否符合他所谓的'公平'为依据的。"[②] 这个公平，蒲鲁东称之为"永恒的公平"。蒲鲁东认为，"公平是人类自身的本质"，它应当是"一切"。

---

　　① 《马克思恩格斯选集》第3卷，人民出版社1995年版，第207页。
　　② 同上书，第208页。

针对蒲鲁东主义从抽象的人的"类本质"引申出公平这一范畴的历史唯心主义观点,恩格斯明确指出,公平这种观念是在一定经济基础上产生的,它不是先验的、与生俱来的。公平不是决定社会经济关系的东西,恰恰相反,它本身是由社会经济关系决定的。蒲鲁东的公平观把因果关系搞颠倒了,头脚倒置,他把本来应该由社会经济关系决定的东西,当作决定社会经济关系的东西了。社会存在决定社会意识,经济基础决定上层建筑,这是历史唯物主义的基本道理。正因为公平是社会经济关系的反映,所以不同社会制度有不同的公平标准。恩格斯对公平下过一个经典性的定义,他说,公平"始终只是现存经济关系的或者反映其保守方面,或者反映其革命方面的观念化的神圣化的表现。希腊人和罗马人的公平认为奴隶制度是公平的;1789 年资产者的公平要求废除封建制度,因为据说它不公平。在普鲁士的容克看来,甚至可怜的行政区域条例也是对永恒公平的破坏。所以关于永恒公平的观念不仅因时因地而变,甚至也因人而异"。① 世界上不存在某种永恒不变的、超越社会经济关系的公平。运用类似蒲鲁东主义那样的"永恒的公平"来研究社会经济关系,就像化学中运用燃素说来分析燃烧现象一样,只会造成不可救药的混乱。

公平是一个历史的范畴,公平的标准随着社会经济关系的变化而变化

按照马克思主义的历史唯物主义观点,应该根据社会经济关系(其基础是生产资料所有制)来研究公平问题。公平是一个历史的范畴,人们对是不是公平的判断标准是随着社会经济关系的变化而变化的。我们回顾一下人类历史上公平这种观念的发展历程吧。

当生产力的发展使得人们的劳动有可能生产出剩余产品的时候,原始社会就逐渐为奴隶社会所取代。奴隶主把奴隶当作会说话的工具,残酷地压迫和剥削奴隶。这种现象从我们现在的观念来看,是极其不公平

---

① 《马克思恩格斯选集》第 3 卷,人民出版社 1995 年版,第 212 页。

的，应该予以谴责。但是，放到当时的历史条件下来考察，却是唯一公平的分配方式，因为只有这样残酷的剥削，才使得少数奴隶主有可能摆脱繁重的体力劳动，专门从事科学和文化，从而才有可能出现灿烂的希腊文明和繁荣的罗马帝国。奴隶主对奴隶的压迫和剥削，在历史上曾经促进了生产力的发展，推动了社会进步，因而在特定的历史发展阶段上，比这更为公平的分配方式，只能是后人主观设想的东西，在当时的现实生活中是不可能存在的。当然，奴隶制的历史作用是短暂的，随着生产力的发展，奴隶制逐渐成为生产力发展的桎梏，封建制取代奴隶制就成为不可避免的了。建立在奴隶制生产方式基础上的、曾经是公平的分配方式就逐渐过时了，需要由另一种分配方式取而代之，公平的标准随之也就发生变化了。

在封建社会里，地主占有土地，农民没有或者只有很少的土地，不得不向地主租种土地并支付地租，或者到地主家里去当长工。农民往往在人身上依附于地主。地主对农民进行残酷的剥削，这一点，只要了解新中国成立前农民境况的人都是十分清楚的。土地改革得到农民广泛的拥护，大大调动了农民的积极性，贫雇农由此获得了解放，道理就在这里。然而在封建社会里，地主凭借占有的土地获得地租，农民租种地主的土地支付地租，是最公平的分配方式，以致有人认为这是天经地义的。客观地说，只要还是封建主义的生产关系，就没有别的分配方式。

资本主义社会也有它自己的由资本主义生产方式决定的公平标准。随着资本主义取代封建主义，在资产阶级私有制基础上产生了资本主义的公平。在资本主义社会里，生产资料集中在资本家手里，劳动者丧失了生产资料，但人身是自由的，因而劳动力成为他唯一可以出售的商品。资本家在市场上按照劳动力的价值购买劳动力，然后驱使工人进行劳动，在生产过程中，工人的劳动创造出超过劳动力价值的价值，即剩余价值。资本家凭借生产资料所有权，把工人创造的剩余价值无偿地攫为己有。毫无疑问，资本家榨取工人创造的剩余价值仍是人剥削人的一种形式，但它是资本主义生产方式基础上唯一公平的分配方式。马克思恩格斯无情地鞭挞了资本主义剥削的残酷性，说资本一来到世上每个毛孔都渗透着血和污，同时却充分肯定资本主义生产方式和分配方式的历史的积极作用。在资本主义生产方式统治的历史条件下，在现实生活中，由资本主义生产方式决定的工人获得劳动力价值、资本家占有剩余价值这种分配方式是最为公平的。

国际共产主义运动中拉萨尔派谴责资本主义社会的分配不公平，强调在未来"劳动资料是公共财产"的社会里，应该公平地分配劳动所得，即"劳动所得应当不折不扣和按照平等的权利属于社会一切成员"。马克思着重批判了拉萨尔派的所谓"公平的分配"和"平等的权利"。马克思用提问的方式阐述了自己的观点，他说：

"什么是'公平的'分配呢？

难道资产者不是断言今天的分配是'公平的'吗？难道它事实上不是在现今的生产方式基础上唯一'公平的'分配吗？难道经济关系是由法的概念来调节，而不是相反，从经济关系中产生出法的关系吗？难道各种社会主义宗派分子关于'公平的'分配不是也有各种极不相同的观念吗？"①

可见，历史上公平的标准是不断变化的，我们必须结合历史条件来谈论是否公平的问题。脱离社会经济关系来抽象地谈论什么是公平、什么是不公平，那是说不清楚的。

在社会主义条件下，按劳分配是唯一公平的分配方式

马克思在批判拉萨尔派关于未来社会的所谓"公平分配"原则的时候，分析了共产主义第一阶段——社会主义社会的分配方式。根据社会主义社会的生产力水平，在生产资料公有制的基础上，分配领域还只能实行按劳分配原则，即社会的每个成员完成一定份额的社会必要劳动，然后按照劳动的数量和质量从社会储存的消费品中取得相应数量的产

---

① 《马克思恩格斯选集》第3卷，人民出版社1995年版，第302页。

品。毫无疑问，按劳分配仍存在某种不平等现象，形式上的平等掩盖了事实上的不平等。所以这种分配方式并不是我们的理想。随着生产力的高度发达、产品的极大丰富，在未来的共产主义社会里，我们要用"按需分配"来取代"按劳分配"。尽管如此，按劳分配仍旧是社会主义条件下最公平的分配方式。一方面，社会主义公有制决定了不能按生产资料占有情况进行分配；另一方面，不够发达的生产力水平又决定了还不能按人们的实际需要进行分配，在这种情况下，按劳动的数量和质量进行分配是唯一公平的分配方式。

所以，在社会主义社会里，正确地贯彻按劳分配原则，就是实现了公平，虽然生活水平仍有差别；任何违反按劳分配原则的制度、政策、措施，无论是平均主义、还是差距过大，都是不公平的。

值得注意的是，马克思在《哥达纲领批判》中提出了指导研究分配问题的一个根本的方法论原则，即不能从抽象的公平、平等出发，而要从生产方式、首先从所有制出发来研究分配问题，来确立是不是公平的标准。生产方式决定分配方式，消费资料的任何一种分配，都不过是生产条件本身分配的结果。任何物质资料生产都是生产资料与劳动力的结合，"生产条件的分配"实质上是指生产资料与劳动力归谁所有。资本主义条件下，"生产的物质条件以资本和地产的形式掌握在非劳动者手中，而人民大众所有的只是生产的人身条件，即劳动力。既然生产的要素是这样分配的，那么自然就产生现在（指资本主义社会——引者）这样的消费资料的分配。如果生产的物质条件是劳动者自己的集体财产，那么同样要产生一种和现在不同的消费资料的分配。"不能把分配看成并解释成一种不依赖于生产方式和所有制的、仿佛由"公平""平等"决定的东西，从而把社会主义描写为主要是围绕着分配兜圈子。马克思把这种想法称之为"庸俗社会主义"，认为它是"仿效资产阶级经济学家"的思想①。遗憾的是，当前研究分配问题却往往重复马克思批评过

---

① 《马克思恩格斯选集》第3卷，人民出版社1995版，第306页。

的错误，脱离生产方式、所有制，抽象地追求公平与平等。其实，公有制有公有制的分配方式，私有制有私有制的分配方式，公有制和私有制的公平标准是迥然不同的。企图寻找一种不同生产方式、不同所有制都适用的"公平的"分配方式，这是徒劳的。

从马克思上述观点出发，我们要实现社会主义的公平分配，就必须坚持生产资料公有制。离开公有制，就不可能有按劳分配，也就不可能有公平。现在有人成天喊"公平"，却又主张私有化，这不是南辕北辙了吗？他们设想，在私有制基础上，只要对具体分配政策作点调整，就可以实现社会主义的公平，这简直是痴心妄想。私有制必然产生人剥削人的分配关系，在私有制基础上调整分配政策，至多只能缓和剥削关系带来的社会矛盾，而不能实现我们所希望达到的公平。在分配领域，社会主义的公平是按劳分配，这是建立在生产资料公有制基础上的。

不能把抽象的公平当作社会主义的本质

恩格斯批判蒲鲁东主义"永恒的公平"，马克思批判拉萨尔主义的"公平分配"，已经过去一百三十多年了。他们所阐述的马克思主义关于公平的基本原理，在国际共产主义运动中，早已成为定论。然而在我国，近年来在公平问题上又有人重复蒲鲁东主义、拉萨尔主义的错误，把公平当作社会主义的本质，仿佛只要实现了他们所说的抽象的"公平"，就是社会主义了。例如，某位著名经济学家提出"社会主义＝市场经济＋社会公平"这样的公式。在这里，我们不来讨论市场经济问题，因为邓小平早就讲过，市场经济是发展生产的方法、调节经济的手段，资本主义可以用，社会主义也可以用，因而市场经济不可能成为决定社会性质的东西，不能用是不是实行市场经济作为判断是不是社会主义社会的标准。我们要指出的是，把公平作为社会主义的本质特征也是荒唐的。问题在于，这位经济学家在方法论上同历史上的蒲鲁东主义一样，认为公平是某种永恒不变的东西（但又始终不愿在理论上和实践上说清楚他们说的公平的内容），而且把这种模糊不清的公平作为评判社会性质的标准，似乎一个社会是不是社会主义社会，要看它是不是实现了他们所说的公平。这就陷入了历史唯心主义的泥坑。要知道，公平是社会经济关系的观念化、神圣化的表现，是社会经济关系决定公平的标准，而不是公平决定社会经济关系。社会经济关系体现在制度上就是社会制度，所以也可以说，是社会制度决定公平的标准，不同社会制度有不同的公平的标准，而不是主观设定的、臆想的公平决定社会制度。一种社会制度的性质是由生产资料所有制的性质和国家政权的性质决定的，而不是由是不是公平来决定的，这是马克思主义的常识。这位经济学家虽然很著名，名声很大，但在这个问题上却连常识都没有。

应该指出，把公平当作社会主义的本质，这也是民主社会主义的一个特点。民主社会主义有一派，叫作"伦理社会主义"，即把社会主义说成是某些"全人类共同的价值"（用现在时髦的概念，也就是"普世价值"），只要逐步实现这些价值就是社会主义了。那么，哪些"共同价值"构成社会主义的本质呢？说法不大一样，但有一条是共同的，即都把公平、正义当作社会主义的本质。那位奉行新自由主义的著名经济学家在这一点上与民主社会主义是相通的。

那么，能不能把实现公平当作社会主义的历史任务呢？这种提法恐怕也不妥。马克思恩格斯最反对把社会主义的任务归结为实现"公平""正义""平等"等口号。例如，马克思坚决反对在党纲中写上"消灭一切社会的和政治的不平等"这一不明确的语句，而主张把"消灭一切阶级差别"作为党的奋斗目标。他说："随着阶级差别的消失，一切由这些差别产生的社会的和政治的不平等也自行消失。"① 恩格斯完全赞成这一思想，他说："用'消除一切社会的和政治的不平等'来代替'消灭一切阶级差别'"，"把社会主义看作平等的王国"，这是以资产阶级的"自由、平等、博爱"为依据的口号，"现在应当被克服，因为它

---

① 《马克思恩格斯选集》第 3 卷，人民出版社 1995 年版，第 311 页。

只能引起混乱。"① 他们说的是"平等",但也适用于"公平"这一概念。所以,应该说,社会主义的根本任务是发展生产力,并在此基础上彻底消灭私有制,消灭阶级和阶级差别(当然这需要一个很长的历史时期),而不是追求什么抽象的公平。

根据上面的叙述,谈到马克思主义的公平观,我们至少应该把握以下几点。第一,公平是经济关系的观念化的表现,不能离开经济关系到人们的头脑中去寻找公平的标准。经济关系决定公平的标准,而不是相反。不同的经济关系就有不同的公平标准,不存在抽象的公平,公平总是具体的。因此,讨论公平与否的问题,必须研究社会经济关系、首先要研究所有制关系。第二,公平是一个历史的范畴,公平的标准随着历史的发展而发展。没有一个适用于一切社会制度的统一的、亘古不变的公平,更不能用"永恒的公平""公平的分配"等等臆想的标准去评价社会生活现象、提出改造社会的方案、制定具体的社会经济政策,而必须从生产力与生产关系、经济基础与上层建筑的矛盾运动中去把握公平的问题。第三,不能仅仅从伦理道德观念出发去判断公平与否。作为马克思主义者,我们在道义上始终站在被压迫、被剥削者一边,谴责一切剥削行为。然而正如恩格斯指出的,"道义上的愤怒,无论多么入情入理,经济科学总不能把它看作证据,而只能看作象征。"② 按照历史唯物主义,我们必须把公平问题放到一定的历史条件下去考察,要研究一定的公平观所反映的经济关系是不是适应生产力发展的需要,是不是符合社会发展规律提出的要求。

"效率"与"公平"的关系

如果把公平作为一个反映经济关系的历史范畴来把握,那么我们就有可能正确地理解效率与公平的关系。

---

① 《马克思恩格斯选集》第 3 卷,人民出版社 1995 年版,第 325 页。
② 同上书,第 492 页。

　　我国一些经济学家往往把"效率"与"公平"看作是一对处于此消彼长的对立关系的两个范畴，仿佛强调"公平"就会影响"效率"，强调"效率"就会影响"公平"。这其实是上了西方经济学的当。从资产阶级立场看，"效率"与"公平"是矛盾的：资本家要多得利润，必须压低工资，因而不能强调"公平"；但不讲"公平"，工人阶级会有意见，劳资矛盾会尖锐化；强调"公平"，又会影响资本家发展生产的积极性，从而影响效率。所以，他们老在"效率"与"公平"问题上兜圈子，一派主张效率优先，另一派则主张公平优先，还有人主张两者兼顾。我们不能把西方经济学当作分析分配问题的依据，不能跌入西方经济学的陷阱而不能自拔。必须跳出西方经济学设置的"效率"与"公平"关系的怪圈，用马克思主义的基本原理来研究这个问题。

　　效率，无论是指劳动生产率、资金利润率，还是用其他指标来表示，都是属于生产力的范畴；而公平，作为人与人之间现存经济关系的观念化的表现，所体现的是生产关系。因此，效率与公平的关系，实质上就是生产力与生产关系之间的关系。不存在某种固定不变的效率与公平关系的模式，必须把两者关系放到具体的历史条件下辩证地加以分析。当某种公平标准所反映的分配方式适合生产力的性质，能够促进生产力的发展时，公平与效率是统一的；反之，公平与效率就是矛盾的，在这种情况下，客观上就提出了改变分配方式、调整公平的标准，以适应发展生产力、提高效率的需要。

　　在社会主义公有制条件下，正确贯彻按劳分配原则，既实现了分配的公平，又调动劳动人民的积极性，提高了效率，达到了公平与效率的统一。

九　关于实现共同富裕的问题

　　实现共同富裕，是社会主义的本质要求，也是我们党同人民群众保持密切联系的一个重大问题，关系到我们党能否贯彻为人民服务的宗旨。按照邓小平的意见，从20世纪90年代起，我们就应该着手解决如何逐步实现共同富裕的问题。时至今日，再拖延解决，势必严重脱离群众，危及党的生存。

马克思主义认为，只有消灭资产阶级私有制，建立社会主义公有制，即用社会主义取代资本主义，才有可能实现共同富裕。这是因为社会主义公有制决定了在分配领域中必须实行按劳分配，任何人只能凭借劳动取得生活资料，其他生产要素都不能参与分配，"不劳动者不得食"。尽管在物质生产过程中，生产资料是不可缺少的生产要素，它在使用价值的创造中有着自己的贡献，但在公有制条件下，由于生产资料是共同占有的，任何人不能凭借生产资料来参与分配，也就是说，生产资料不是参与分配的一个要素。实行按劳分配，虽然由于劳动能力不一样、赡养人口不一样，人们的生活还会有一定的差别，但是由于排除了生产资料参与分配，人们只能凭自己的劳动获得消费品，这就不会出现人剥削人的现象，更不会出现一极积累财富、另一极积累贫困的现象。

有人提出，不需要建立生产资料公有制，只要调整分配政策，就可以实现共同富裕。这是一个重大的理论问题，需要澄清。

共同富裕是许多人追求的价值目标，但人们对什么是共同富裕、怎样实现共同富裕，却有不同的理解。有人认为，每个人的生活都提高了，那就是共同富裕了。于是他们把瑞典等北欧国家的福利主义看作是共同富裕的典型，仿佛这就是我们追求的目标。他们认为不需要消灭资本主义私有制，不需要建立社会主义公有制，只要国家调整一下分配政策，就可以实现共同富裕。他们希望中国走民主社会主义道路，甚至提出"只有民主社会主义才能救中国"的口号。其实，北欧国家搞的"福利社会主义"的实质，是资产阶级为了缓和阶级矛盾、巩固自己统治地位所采取的一项政策措施。它不触动垄断资产阶级私有制，不改变雇佣劳动制度，只是由垄断资产阶级从剥削第三世界以及本国劳动人民获得的高额垄断利润中拿出一部分来实行社会保障和社会福利制度，因而至多只是对资本主义制度作若干改良而已。这种政策的性质，无非是作为充当资本主义病床前的医生的社会党，为延长资本主义制度的寿命而开出的一剂药方。尽管就眼前利益来说，这种政策对本国劳动人民是有利的，但这不过意味着，"雇佣工人为自己铸造的金锁链已经够长够重，容许把它略微放松一点"① 而已，并没有从根本上改变被雇佣、被剥削的地位，因而两极分化现象仍然存在，根本谈不上共同富裕！

从理论上讲，在私有制基础上，随着生产力的发展，在一定条件下劳动人民的生活也可以得到一定的改善。例如，在资本主义条件下，工人是在市场上按照劳动力价值出卖自己的劳动力的，而劳动力价值不仅包括生理因素，还包括历史的、社会的因素。因此，随着社会的发展、生产力的提高，在劳动力价值不变、甚至下降的情况下，它所包含的物质内容仍有可能增加，工人实际生活水平仍有可能提高。但是，这种提高，第一，始终只是局限于劳动力价格的范围内，资本家只承认"等价交换"，此外是不肯多花一分钱的；第二，随之而来的是剩余价值率不断提高，资本家获得的利润增长幅度更大。在工人生活提高的同时，两极分化在加剧。这无论如何不能称之为共同富裕。

邓小平不是抽象地、一般地谈论共同富裕，而是把共同富裕与消灭剥削、消除两极分化联系在一起说的。剥削与共同富裕是水火不相容的两个概念，有剥削就谈不上共同富裕，要实现共同富裕必须消灭剥削。只有在公有制基础上才能消灭剥削，从而逐步实现共同富裕。所以，离开公有制，就谈不上共同富裕。

由此可以得出结论：为了实现共同富裕，必须大力发展公有制经济，这是共同富裕的必由之路。

---

① 马克思：《资本论》第 1 卷，人民出版社 2004 年版，第 714 页。

第三章　社会主义市场经济体制

改革开放前，我国的经济是在计划经济体制中运行的。实行计划经济，有它的历史由来，曾经起过历史的积极作用。我们应该历史地评价计划经济，不要脱离历史条件轻易地否定。但是不可否认，计划经济，作为一种发展生产的方法、调节经济的手段，确实存在管得过多、管得过死的毛病，企业缺乏活力，经济效率不高。随着经济的发展，这种弊病越来越明显了。十一届三中全会以后，我们党提出要对这种经济运行机制进行改革，不断缩小计划调节的范围，扩大市场调节的作用。到1992年，党的十四大明确提出，我国经济体制改革的目标是建立社会主义市场经济体制，把社会主义基本制度同市场经济这种运行机制结合起来，这在国际共产主义运动中是一个创举。经过二十多年的时间，我国的社会主义市场经济体制已经越来越成熟，运行也越来越规范了。

然而围绕着社会主义市场经济体制问题，学术界一直存在着原则分歧，争论也十分激烈。核心问题是，有一些学者受新自由主义的影响，抱着市场原教旨主义不放，迷信市场的自发作用，极力鼓吹市场万能论。马克思主义与新自由主义之间关于市场经济问题的争论至今没有停止。

十八届三中全会通过的《关于全面深化改革若干重大问题的决定》提出，深化经济体制改革，要"使市场在资源配置中起决定性作用"。这一提法，又引发了关于市场经济的性质、地位、作用的新一轮热烈讨论。有人是从新自由主义的市场经济万能论出发来解读这一论断的，他们故意把"使市场在资源配置中起决定性作用"中的"资源配置"四个字删去，篡改成"市场起决定性作用"，仿佛市场在一切领域都应该起决定性作用。

为了正确理解我国市场导向改革的问题、包括十八届三中全会提出的"使市场在资源配置中起决定性作用"的问题，我们必须依据邓小平理论尤其是他关于市场经济的理论来进行分析。毕竟邓小平是我国改革开放的总设计师，我国经济体制改革是按照他设计的蓝图开展的，他的关于市场经济的理论是我国建立社会主义市场经济体制的理论基础。可以说，离开邓小平理论的指导，改革就会走上邪路。在讨论有关市场经济的性质、地位、作用范围等问题时，我们必须把邓小平理论作为是非对错的判断标准。

一 邓小平关于市场经济的基本观点

我们重温一下邓小平关于市场经济的论述吧。

改革开放前，我国的政治经济学教科书都认为，市场经济、计划经济都是基本制度的范畴，它们反映了社会制度的本质。市场经济是资本主义特有的东西，计划经济才是社会主义的本质特征。这种思想严重束缚了我国改革的步伐，使得我们不敢运用市场经济来调节经济活动，怕多用了市场经济，就走上了资本主义道路。

邓小平对社会主义政治经济学的一大贡献就是，他明确指出，市场经济、计划经济不是基本制度的范畴，而是属于运行机制的范畴，是资本主义、社会主义都可以运用的发展生产的方法、调节经济的手段。这就解放了我们的思想，使得我们能够在改革过程中充分发挥市场的作用，利用市场经济这种方法、手段来发展经济。

早在改革开放刚刚开始的 1979 年，邓小平在会见美国不列颠百科全书出版公司编委会副主席吉布尼和加拿大麦吉尔大学东亚研究所主任林达光等的谈话时，他就指出："说市场经济只存在于资本主义社会，只有资本主义的市场经济，这肯定是不正确的。社会主义为什么不可以搞市场经济，这个不能说是资本主义。""社会主义也可以搞市场经济"，这是社会主义利用这种方法来发展社会生产力，不会影响整个社会主义，不会回到资本主义。社会主义市场经济"虽然方法上基本上和资本主义社会相似，但也有不同"，它"归根结底是社会主义的，是社会主义社会的。"①

1985年邓小平又鲜明地指出："社会主义和市场经济之间不存在根本矛盾。问题是用什么方法才能有力地发展社会生产力。我们过去一直搞计划经济，但多年的实践证明，在某种意义上说，只搞计划经济会束缚生产力的发展。把计划经济和市场经济结合起来，就更能解放生产力，加速经济发展。""要发展生产力，靠过去的经济体制不能解决问题。所以，我们吸收资本主义中一些有用的方法来发展生产力。现在看得很清楚，实行对外开放政策，搞计划经济和市场经济相结合，进行一系列的体制改革，这个路子是对的。""我们发挥社会主义固有的特点，也采用资本主义的一些方法（是当作方法来用的），目的就是要加速发展生产力。"②

1987年党的十三大召开前夕，邓小平进一步指出："为什么一谈市场就说是资本主义，只有计划经济才是社会主义呢？计划和市场都是方法嘛。只要对发展生产力有好处，就可以利用。它为社会主义服务，就是社会主义的；为资本主义服务，就是资本主义的。"③ 根据邓小平的意见，十三大报告明确了社会主义的经济体制应该是计划与市场内在统一的体制。

1990年年底，他在同几位中央领导的谈话中强调，"我们必须从理

---

① 《邓小平文选》第2卷，人民出版社1994年版，第236页。
② 《邓小平文选》第3卷，人民出版社1993年版，第148、149页。
③ 同上书，第203页。

论上搞懂，资本主义与社会主义的区分不在于是计划还是市场这样的问题。社会主义也有市场经济，资本主义也有计划控制。……计划和市场都得要。"① 1991 年年初，他在视察上海时的谈话中再一次强调："不要以为，一说计划就是社会主义，一说市场就是资本主义，不是那么回事，两者都是手段，市场也可以为社会主义服务。"②

1992 年年初，邓小平在视察南方的谈话中，更加明确地指出："计划多一点还是市场多一点，不是社会主义与资本主义的本质区别。计划经济不等于社会主义，资本主义也有计划；市场经济不等于资本主义，社会主义也有市场。计划和市场都是经济手段。"③

邓小平这一系列讲话，把市场经济的有关问题说得非常清楚了。这些讲话，在 20 世纪 90 年代是耳熟能详的。我们之所以不厌其烦地引用这些话，是因为时至今日，每当讨论到有关市场经济的具体问题，人们往往把邓小平的这些话置诸脑后，忘记运用他关于市场经济的基本理论来分析问题了。看来，重新学习邓小平理论是很有必要的。

我认为，把邓小平有关市场经济的思想概括起来，就是要牢牢把握住一点，即：市场经济是发展生产的方法、调节经济的手段。既然是方法、手段，那么，资本主义可以用，社会主义也可以用，这就与把市场经济看作是资本主义本质特征的传统观念区别开来了；既然是方法、手段，那么，能够促进生产力发展，我们就用，不能促进生产力发展，我们就不用，这就与新自由主义的市场经济万能论区别开来了。

二 市场经济必然要同一定的社会基本经济制度结合在一起

市场经济是发展生产的方法、调节经济的手段，那么它有没有社会

---

① 《邓小平文选》第 3 卷，人民出版社 1993 年版，第 364 页。
② 同上书，第 367 页。
③ 同上书，第 371 页。

制度的属性呢？有没有社会主义市场经济、资本主义市场经济的区别呢？记得 1992 年党的十四大前夕，在讨论十四大报告稿时，就有人给中央写信，反对"社会主义市场经济体制"的提法，说"市场经济就是市场经济，市场经济没有社会主义、资本主义的区别。没有什么'社会主义市场经济体制'。如果一定要加个形容词，那就叫现代市场经济体制好了。"现在像那位学者那样公开反对"社会主义市场经济体制"提法的人不多了，但这种看法，至今仍或隐或显地存在。比如，有的"著名经济学家"开口闭口讲市场经济，就是不提"社会主义"四个字，不讲社会主义市场经济。回顾二十多年来关于社会主义市场经济的讨论，正如刘国光同志批评的，有一种倾向，即把市场经济同社会主义割裂开来，市场经济讲多了，社会主义讲少了、甚至不讲了。

毫无疑问，市场经济作为发达商品经济基础上的一种经济运行机制，有它自己固有的内容。例如，进入市场的主体（企业）应该是拥有自主经营权、自负盈亏的经济实体，它能够根据市场上供求关系的变化自主地作出经营决策，并对决策的后果负责；绝大多数产品的价格由市场供求关系来决定，而不是由国家来规定；有比较完整的市场体系，包括商品市场、资本市场、技术市场、劳动力市场，各个经济领域市场都能发挥作用；有一系列与市场经济相配套的法律、规章制度和社会保障体系，等等。没有这些内容，市场经济就无法正常运行；没有这些内容，也就不称其为市场经济了。这是各种社会制度下的市场经济的共性，也就是邓小平所说的社会主义市场经济"方法上基本上和资本主义社会相似"的含义。

但是，任何经济运行机制都是在一定生产资料所有制基础上运转的，它不可能脱离所有制独立地存在、孤立地运转。市场经济作为发展生产的方法、调节经济的手段，必然要有一个行为主体来使用它，它必然要为使用它的行为主体的利益服务。离开行为主体，方法、手段是不可能存在的。这个行为主体就是占有生产资料的经济单位。概括地说，市场经济不是在公有制基础上运转，就是在私有制基础上运转；不是为公有制服务，就是为私有制服务。而所有制是一个社会的基本经济制度，生产资料公有制是社会主义社会的基本经济制度；生产资料资产阶级私有制是资本主义社会的基本经济制度。所以，换句话说，在当今历史条件下，市场经济不是同社会主义基本经济制度相结合，就是同资本主义基本制度相结合；不是为社会主义基本经济制度服务，就是为资本主义基本经济制度服务。市场经济是离不开所有制（即基本经济制度）的。当它同某种社会基本制度结合在一起，市场经济就显示出特殊性。

从哲学上讲，共性寓于个性之中。我们在理论上可以把同类事物中共同的东西抽象出来进行认识和分析，但在现实生活中，没有脱离了特殊性而独立存在的共性。我们可以把在资本主义、社会主义等不同社会里运行的市场机制中共同的东西抽象出来，认识它运行的共同规律性，但能够实际存在的市场经济总是同一定的所有制、一定的社会基本经济制度结合在一起的。世界上没有脱离基本经济制度而独立存在的抽象的市场经济。

市场经济同社会基本经济制度的结合，并不是简单地拼装在一起，而是相互之间存在着从属关系的有机结合。其中基本经济制度是第一位的、决定性的，市场经济是第二位的、从属的，它要反映基本经济制度的特点和要求，它的运行要为巩固和发展基本经济制度服务。从这个意义上讲，市场经济是有社会制度属性的。

1994年江泽民在天津考察时，明确指出："我们搞的市场经济是同社会主义基本制度紧密结合在一起的。如果离开了社会主义基本制度，就会走向资本主义。"他针对某些人提出的为什么市场经济前面要加"社会主义"四个字的问题，特别强调："我们搞的是社会主义市场经济，'社会主义'这几个字是不能没有的，这并非多余，并非画蛇添足，而恰恰相反，这是画龙点睛。所谓'点睛'，就是点明了我们的市场经济的性质。西方市场经济符合社会化生产、符合市场一般规律的东西，毫无疑义，我们要积极学习和借鉴，这是共同点。但西方市场经济是在资本主义制度下搞的，我们的市场经济是在社会主义制度下搞的，这是不同点。而我们的创造性和特色也就体现在这里。"①

所以，我们在研究市场经济问题时，不仅要研究市场经济这种方法、手段的一般特征，更重要的是要研究社会主义条件下市场经济运行的特殊性，即研究市场经济这种运行机制是如何同社会主义基本制度相结合的，它的运行如何反映基本经济制度的特点和要求，如何为巩固和发展社会主义基本经济制度服务。而这一点，恰恰是当前经济学研究的薄弱环节。

三　公有制是可以搞市场经济的

在讨论市场经济问题时，经常听到一种说法：市场经济与公有制（尤其是国有经济）不相容，要搞市场经济，必须实行私有化。有一位"著名经济学家"形象地表达这一思想："市场经济增长一分，国有经济就减少一分；市场经济形成之日，就是国有经济消亡之时。"这是某些经济学家反对公有制、鼓吹私有化的一个重要论据。他们的逻辑是这样的：大前提，我们的改革是要把计划经济体制改成市场经济体制；小前提，公有制经济（尤其是国有经济）与市场经济不能相容，两者是对立的；结论自然是，私有化势在必行。非常遗憾的是，这些经济学家从来不从理论上论证，为什么市场经济与公有制不相容？而只是把这一点当作不容争辩的公理来推销。这说明这些经济学家缺乏理论修养，只是固执自己的偏见。

其实，邓小平从改革开放一开始就回答了这个问题。他明确说，市场经济是资本主义可以用、社会主义也可以用的方法、手段，社会主义同市场经济没有根本矛盾。社会主义是以公有制为经济基础的，这就等

---

① 江泽民：《论社会主义市场经济》，人民出版社 2006 年版，第 202、203 页。

于说公有制基础上是可以运用市场经济这种方法、手段的，公有制是可以同市场经济相结合的。主张公有制同市场经济不相容的那些"著名经济学家"，在 20 世纪 90 年代的时候，总是标榜赞成邓小平理论的，甚至把邓小平理论称为马克思主义的"坐标"。然而他们对邓小平理论采取的是实用主义的态度，有选择地摘取对他们有用的片言只语，不符合口味的就不提邓小平理论了。说市场经济与公有制不相容，就是一个典型例子。

我们从理论上分析一下公有制与市场经济相结合的问题。这个问题的实质是，市场经济这种运行机制对进入市场的行为主体提出的要求是什么，公有制能不能满足这种要求。

在社会化生产的条件下，经济运行无非是两种方式：一是计划经济；一是市场经济。计划经济要求企业的生产经营活动听从国家统一安排，生产什么、生产多少，由国家下达指令性计划加以规定，企业只是计划执行单位，它既没有经营自主权，也没有经济责任，盈亏都由国家负责。市场经济这种经济运行方式则不同。在市场经济条件下，参与市场机制运行的企业，生产经营活动是由企业从自身经济利益出发，根据市场上供求关系的变化，自行决定的，同时企业也要自己承担经济责任，自负盈亏。这就是说，市场经济要求进入市场的行为主体必须是自主经营、自负盈亏的经济实体。

毫无疑问，私有制完全可以满足市场经济对进入市场的行为主体的要求，私营企业本来就是自主经营、自负盈亏的经济实体。历史上市场经济这种运行机制也是一直与私有制结合在一起的。这也就造成一种印象，似乎只有私有制才能搞市场经济。我们那些主张公有制与市场经济不相容的经济学家，往往就是从这种印象出发的。然而凭印象作结论是不可靠的，历史上市场经济是同私有制相结合的，这并不等于只有私有制才能搞市场经济。

问题在于，公有制经济（尤其是国有经济）能不能塑造市场机制运行所需要的行为主体？如果公有制能够塑造这样的主体，它就可以同市场经济相结合；如果不能塑造这样的主体，它就同市场经济不相容了。

我国在改革开放以前，国有经济按照计划经济的要求，一直实行"国家所有，国家统一经营、统负盈亏"的体制。公有制的这种实现形式确实是同市场经济不相容的，它确实不能市场经济。但是公有制可以有不同的实现形式。早在 1984 年十二届三中全会通过的《关于经济体制改革的决定》就提出，以往的观念往往把全民所有同国家机构直接管理混为一谈，"根据马克思主义的理论和社会主义国家的实践，所有权同经营权是可以适当分开的。"《决定》要求国有经济进行改革，目标是"使企业真正成为相对独立的经济实体，成为自主经营、自负盈亏的社会主义商品生产者和经营者，具有自我改造和自我发展的能力，成为具有一定权利和义务的法人。"[1] 这就是说，国有经济的改革是在保持生产资料归国家所有的前提下，由"国家统一经营、统负盈亏"改为"企业自主经营、自负盈亏"。国家所有制的实现形式实行这样的改革，就可以塑造市场机制运行的行为主体，就可以为建立市场经济体制创造前提条件。

所以，要理解公有制（国家所有制）能不能与市场经济相容的问题，从认识上说，关键是要把公有制本身与它的实现形式分开。我国的实践表明，同市场经济不相容的，不是公有制本身，而是在特殊历史条件下形成的"国家统一经营、统负盈亏"这种实现形式，只要通过改革，改变公有制的实现形式，改为"企业自主经营、自负盈亏"，公有制（国家所有制）也可以搞市场经济。

我国国有企业的改革正是按照这个思路进行的。经过三十年的改革，我国已经有一大批国有企业按照市场经济的需要，改革了经营方式、管理方法、组织结构、领导制度、资本组织形式，在市场经济的大海中不断壮大、发展，有的还跻身世界 500 强。这方面的典型很多，例

---

① 《十二大以来重要文献选编》（中），人民出版社 1986 年版，第 565、566 页。

如中国建材集团、中国医药集团就是很好的例子。它们用实践证明了，公有制不仅可以同市场经济相结合，而且可以结合得很好。

顺便说一下，公有制可以搞市场经济，这是某些西方经济学家承认的。记得 1994 年中央经济工作会议前夕，中央曾派记者采访西方 12 个诺贝尔经济学奖获得者，听取他们对中国经济改革的意见。在采访中，萨缪尔逊就从理论上论证了公有制也可以实行市场经济。他说："市场主体的最基本特征是自负盈亏，只要分清了企业的所有权和管理权，实现真正的自负盈亏，就可以形成一个正常的市场主体，而与其所有制性质并无直接关系，公有与私有都是没有区别的。"连国内主张私有化的经济学家最崇拜的科斯也说："由于西方经济学的整个理论体系是以私有制已经存在为假定前提的，这就很容易推出私有制是市场经济唯一前提的结论。而我们现在所看到的市场经济的制度基础也只有私有制一种。但历史并没有对公有制基础上的市场经济作出证伪。"他还说："如果中国能做到把公有制同市场经济结合起来，这才是真正的中国特色。"

理论与实践都表明，公有制与市场经济不相容、公有制不能搞市场经济的观点是站不住脚的。某些经济学家至今还在使劲鼓吹这个观点，不过是为他们推行私有化制造舆论罢了。

四　必须把市场的作用与政府的作用结合起来

新自由主义有一个特点：迷信市场的自发作用，主张经济活动完全交给市场进行调节，排斥国家的经济职能，即所谓"大市场、小政府"。某些学者认为，要彻底的市场化，只要还有一点政府干预，那就是改革还不彻底。十八届三中全会的《决定》公布以后，有的人就是按照新自由主义来解读的。《决定》说的是要"使市场在资源配置中起决定性作用"，他们把它篡改为"市场起决定性作用"，进而解读成政府应该放弃经济职能。如此推理，就把《决定》解读得面目全非了。

邓小平科学地界定了市场经济的作用。如上所说，他是把计划经济、市场经济当作发展生产的方法、调节经济的手段，既然如此，合适就用，不合适就不用。哪个时期、哪个地方适合用计划经济，就用计划经济；哪个时期、哪个地方适合用市场经济，就用市场经济。他从来没有说过，只能用一种手段，绝对不能用另一种手段。记得 1994 年夏在高校党建工作会议上，当时中央主管经济工作的朱镕基副总理应邀做经济形势报告，他曾针对市场经济万能论泛滥、丑化计划经济成为时髦的状况，一针见血地指出，邓小平从来没有否定计划经济。事实确实如此。例如，邓小平多次指出："计划和市场都是方法嘛。只要对发展生产力有好处，就可以利用。"① 他主张 "计划和市场都得要。"② 他说过 "不要再讲计划经济为主" 了，但从来没有讲过不要计划经济。在 1989 年后，他仍然强调："我们要继续坚持计划经济与市场经济相结合，这个不能改。"③

可见，邓小平是主张计划经济与市场经济这两种方法、两种手段都应该用，一切从发展生产力这一实际需要出发，而不拘泥于某一种方法，某一种手段。他认为计划经济的优点是可以做到全国一盘棋，集中力量，保证重点，但只搞计划经济，就 "把经济搞得死死的"。市场经济的优点是经济可以搞活，"不搞市场经济、连世界上的信息都不知道，是自甘落后"④，但是，市场经济也有自身的弱点和消极方面。邓小平在总结多年经验后指出，"实际工作中，在调整时期，我们可以加强或者多一点计划性，而在另一个时候多一点市场调节，搞得更灵活一些。以后还是计划经济与市场调节相结合。"⑤ 根据邓小平这些重要意见，

---

① 《邓小平文选》第 3 卷，人民出版社 1993 年版，第 203 页。
② 同上书，第 364 页。
③ 同上书，第 306 页。
④ 同上书，第 364 页。
⑤ 同上书，第 306 页。

党的十四大明确指出：社会主义市场经济体制，要注意发挥计划与市场两种手段的长处，"计划与市场两种手段相结合的范围、程度和形式，在不同时期、不同领域和不同地区可以有所不同。"①

党的十八大报告根据面临的新的形势，提出要全面深化经济体制改革，指出"经济体制改革的核心问题是处理好政府和市场的关系。必须更加尊重市场规律，更好发挥政府作用。"② 十八届三中全会的《决定》，在强调要"使市场在资源配置中起决定性作用"的同时，明确指出："我国实行的是社会主义市场经济体制，我们仍然要坚持发挥我国社会主义制度的优越性、发挥党和政府的积极作用。市场在资源配置中起决定作用，并不是起全部作用。发展社会主义市场经济，既要发挥市场作用，也要发挥政府作用，但市场作用和政府作用的职能是不同的。"③ 这就是说，市场作用与政府作用不是对立的、相互排斥的，而是相辅相成的。

十八大以及十八届三中全会关于正确处理市场作用与政府作用的关系的论述，是对邓小平关于计划与市场关系的思想的继承和发展，也是对新自由主义只要市场作用、不要政府作用的市场经济万能论的有力批判。

---

① 江泽民：《论社会主义市场经济》，人民出版社 2006 年版，第 12 页。

② 《中国共产党第十八次全国代表大会文件汇编》，人民出版社 2012 年版，第 19 页。

③ 习近平：《关于〈中共中央关于全面深化改革若干重大问题的决定〉的说明》，《人民日报》2013 年 11 月 16 日。

结束语

新中国成立以来，我们党经过六十多年的探索，尤其是改革开放三十多年来的探索，建立了一整套具有中国特色的社会主义经济制度（包括所有制结构、分配制度、运行机制），这套经济制度已经逐步成熟起来，从基本方面来说，它已经开始定型，并在实际社会经济生活中发挥了积极作用。

我们对这一套经济制度应该充满自信，在整个社会主义初级阶段都应该坚定不移地维护、捍卫、发展它，绝不允许动摇、削弱、破坏它。这是因为，这一套经济制度是正确的，它既符合反映人类社会发展一般规律的科学社会主义基本原则，又符合我国社会主义初级阶段的实际并在实践上经受住了检验，六十多年来尤其是改革开放三十多年来，我国经济迅速发展，把一个积贫积弱的落后国家发展成为世界第二大经济体，证明了这套经济制度从根本上说是有效的和正确的。尤其是与剧变以后的原苏联各国相比较，与2008年世界金融危机以后发达资本主义国家的情况相比较，我们完全可以为我国的经济制度自豪。

毫无疑问，我们的社会主义初级阶段经济制度还有许多不完善的地方，需要通过改革来解决存在的矛盾，以推动我国的社会经济的发展。而且一个矛盾解决了，又会产生新的矛盾，又需要通过改革来解决矛盾。社会主义正是在不断出现矛盾、又不断通过改革解决矛盾的过程中发展的。不改革，社会主义就僵化了、停滞了。所以，我们说改革只有逗号，没有句号；只有进行时，没有完成时。

但是，我们的社会主义初级阶段经济制度的基本方面应该是稳定的，它不应该成为改革的对象。从原则上讲，不是一切改革都是正确的，改革应该是"改"与"不改"的统一。有的东西是不改的，经过多长时间也不改的。改革应该是在我们坚持经济制度基本方面的前提下，调整生产关系中不符合生产力发展需要的环节。不能把应该坚持的东西当作改革的对象。在整个社会主义初级阶段，我们必须坚持公有制为主体、多种所有制经济共同发展的基本经济制度，必须坚持按劳分配为主、多种分配方式相结合的分配制度，必须坚持社会主义市场经济这种运行机制，这是我们经济工作的底线，那是不能动的，经过多长时间也不能动的。除非将来随着社会经济的发展，我们的社会主义进入了更高级的阶段，才需要考虑这个问题，这是未来的事。当前，如果讲改革时，把这些基本东西当作改革的对象，改革就犯了颠覆性的错误，就走到改旗易帜的道路上去了。围绕经济改革的各种争论，从根本上说，焦点就在于此。

我们应该坚持我国社会主义初级阶段经济制度，并通过改革不断完善我国的社会主义初级阶段经济制度。这是马克思主义政党认识和掌握社会发展规律得出的结论。